优质资源共建共享
家校社协同育人！

辛丑仲夏 顾明远书

本书为北京市教育科学“十三五”规划2017年度“优先关注”课题
“学区化管理方法的国际比较研究”（BEBA17033）的主要研究成果之一

Research on School District Management

学区化管理研究

郭元婕◎著

科学出版社
北京

内 容 简 介

学区化管理研究是我国新时代倡导义务教育办学体制机制改革的一项重要内容，经过以北京市为首的全国教育发达城市十数年的探索，其呈现出多种形态的办学模式。这些地方探索为在全国范围内推行学区制改革奠定了实践基础。

本书系统梳理了我国学区化管理的时代价值、内涵和理论基础，并在此基础上，从横纵两个方向对国外和国内的学区化管理现状进行了分析，从国际比较的视角分析了美国、法国和日本三个典型国家学区化管理的历程、特点和成败得失，以案例分析的方法对一些地方的学区进行了深入剖析，探索了各层级学区化管理的办学规律，并在总结其办学成效的基础上提出后续发展即新办学区的科学建议。

本书适用于基础教育办学体制改革的倡导者、设计者和践行者，对学区管理者、中小学校长和教育管理研究人员也有一定参考价值。

图书在版编目（CIP）数据

学区化管理研究/郭元婕著. —北京：科学出版社，2021.12
（基础教育管理体制改革研究）
ISBN 978-7-03-069631-1

Ⅰ. ①学… Ⅱ. ①郭… Ⅲ. ①基础教育-教育体制改革-研究-中国
Ⅳ. ①G639.21

中国版本图书馆 CIP 数据核字（2021）第 169002 号

责任编辑：朱丽娜 高丽丽/责任校对：郑金红
责任印制：张 伟/封面设计：润一文化

科学出版社出版
北京东黄城根北街 16 号
邮政编码：100717
http:// www.sciencep.com
北京虎彩文化传播有限公司印刷
科学出版社发行 各地新华书店经销
*
2021 年 12 月第 一 版 开本：720×1000 B5
2021 年 12 月第一次印刷 印张：14 1/2
字数：226 000
定价：88.00 元
（如有印装质量问题，我社负责调换）

序

教育公平是社会公平的基石。国家实施“就近入学”政策，是为了保障学生受教育权的起点公平。然而，由于我国基础教育发展不均衡、校际差距大，仅仅通过限制择校并不能真正地实现教育公平。为了破解这一办学困境，各地方都进行了各种体制机制改革，推行学区化管理便是其中之一。实行学区化管理，就是为了统筹配置学区内的资源，使优质资源共享，以此来缩小薄弱学校与优质学校的差距。

实行学区化管理，首先要有学区。学区的划分要考虑到优质学校和薄弱学校的关系，能够使优质学校带动薄弱学校的发展。学区内如何统筹优质资源是一项复杂的系统工程，需要科学地设计，既要有明确的实施路线图，也要具备相应的配套保障体系。

学区化管理不是新事物，欧美等发达国家已经推行了3～4个世纪。其对学区的划分与我国不同，各国的学区化管理也没有统一之规范。美国的教育推行地方分权制，法国教育采取中央集权制，这些国家的学区管理方法大相径庭，但其管理经验值得我国学习和借鉴。我国推行学区化管理改革要走出一条具有中国特色的道路。

我国基础教育的管理以“县”为主，因此“县”一级教育行政组织是地方教育管理体制改革最重要的一环。我国县与县之间有很大的差距，各地在学区化管理改革中应该因地制宜。近几年来，地方教育改革方式多样，尤其是在优质教育资源共建共享、构建地方教育自治平台和自治机制、促进城乡教育一体化发展等方面取得的成就尤为显著。与此同时，改革中也暴露了诸多问题，如学区定位与职能的设计模糊，相关经费投入有限，改革因领导更迭而停滞，以及中小学校长担心增加管理层而丧失部分教育管理权力等。改革出现的新问题需要得到及时的回应，这客观上要求我们对学区化管理的已有探索进行系统的总结与全面的反思，进而总结改革的经验，提炼学区化办学规律，指明未来改革的发展方向。

《学区化管理研究》是北京市教育科学“十三五”规划2017年度“优先关注”课题“学区化管理方法的国际比较研究”的主要研究成果之一。该书在对我国学区化管理和学区制改革进行全面调查的基础上，在国际比较的视域下，对地方各级政府推行的学区化办学政策、采取的措施和取得的效果进行了系统分析，并提炼出了各级各类学区化办学的成功模式，同时为后续改革提出了可供参考的意见和建议。该书的结论客观、观点新颖，具有一定的理论价值和指导实践的功能，可以为改革者和研究者提供一定参考。

2021年7月23日

前　言

从管理走向治理是我国教育现代化的既定目标之一，也是新时代国家发展的又一新任务。学区化管理是我国号召地方在破解义务教育“择校热”问题，以及缓解人民群众的教育需求不断提升和我国义务教育发展不充分不均衡之间的矛盾进行的一项积极探索。本书第一章对学区化管理的时代价值、内涵和理论基础做了细致的分析与阐释，并以此作为分析我国各地学区化管理得失的标准和依据。

学区化管理是欧美等发达国家教育体系的基本管理范式，其起源可追溯到 18 世纪。有了学校，便有了与学校管理密切相关的学区。在国际化背景下，各国纷纷对本国的学区化管理进行改革，借鉴他国学区化管理的成功经验，以免走弯路。本书第二章对美国、法国、日本三国的学区设置方法、学区入学制度设计、学区内教师流动机制、学区督导制度及投入保障机制等分别做了分析和比较，预测了各国学区化管理发展趋势，一定程度上能够拓宽我国学区化管理改革者的视野和思路。

地方在探索学区化管理改革过程中，“省（自治区、直辖市）”是我国地方政府最高层级，而作为基础教育的主要管理机构，“区”是改革最为活跃和有建树的行政层级，两者在改革中扮演的角色不尽相同。为了明确各教育管理层级在推进此项改革过程中的权利、责任与义务，以及明晰改革本身取得的成效和存在的问题，本书第三章和第四章分别选取具有代表性的陕西省、北京市、上海市，以及北京市东城区、海淀区和广东省广州市越秀区做同层级的案例分析。各级政府推进改革的思路不同、采取的措施各异，取得的效果和存在的问题也就不尽相同。笔者在对改革中各级政府采取的各项措施、成就和问题进行归类分析后发现，各种治理模式各有利弊，地方政府要根据自身的实际情况进行判断和取舍。

学区是学区化管理的基本单元，其办学效果在根本上决定了改革的成败。本书第五章选取北京市东城区北东学区、海淀区中关村学区和上海市金山区朱泾地区小学学区三个模式各异的成功案例，对其办学特色形成的影响因素，包括区顶层设计、学区属地文化历史背景、管理者自身的素质、可供利用的办学资源和重点构建的办学新机制等要素进行了分析，系统总结和提炼了学区层面的办学规律，以为我国各地深化学区化管理改革和顺利开启地方探索提供可借鉴的模式与范例。

郭元婕

2021年7月7日

目　录

图 目 录

表 目 录

第一章

学区化管理概论

学区化管理是国家倡导的一项改革，明确其时代价值是改革的起点，准确把握其内涵是改革的基础，科学构建其理论基础是改革成功的关键。

第一节　学区化管理的时代价值

我国学区化管理体制机制改革发端于20世纪90年代，兴盛于21世纪。新时期，我国倡导此项改革有着深刻的历史背景和现实需要，是我国教育事业总体发展水平进入世界中上行列后的新改革。

2018年，我国九年义务教育巩固率达94.2%；普及率高于高收入国家平均水平；15岁及以上人口平均受教育年限由1982年的5.3年提高到9.6年（郭元婕，2021a）。

我国义务教育的普及实现了适龄儿童“有学上”，但同时也带来了新问题，即“上好学难”，尤其是“就近上好学难”。为了办人民满意的教育，党和国家致力于破解义务教育阶段“择校热”难题，使中小学充分且均衡发展，积极推行“就近入学”的政策，保障教育的起点公平。通过改革解决教育发展中出现的问题，改革办学体制机制以实现义务教育充分均衡发展，已成为各界的共识。

我国学区化管理伴随着学校招生制度而存在，小学招生的片区便有了对应的学区。然而，随着时代的变化，学区管理的内涵也随着我国办学管理体制机制改革的探索与深化发生了质的变化。这种变化有着深刻的时代意蕴，是我国推行教育体制改革、促进义务教育均衡发展，以及满足新时代人民群众对教育需求的必然选择。

一、推进教育治理现代化的必然选择

2019年2月，中共中央、国务院印发的《中国教育现代化2035》明确指出，要“形成全社会共同参与的教育治理新格局”。要实现这一目标，“简政放权”势在必行。

第一，顺应“简政放权”的时代需求。有数据显示，我国教育事业总体发展水平已经进入世界中上行列。[①]伴随着我国教育的大发展，教育活动的内容日益增多、丰富程度日益提升，这在客观上要求国家下放更多的教育行政管理权给地方，以便地方实行自主办学。然而，我国教育行政人员编制的确定与行政层级密切相关，调查发现，区县一级教育行政部门的在编人员通常为 5～15 人。这种人员配置规模显然不能满足域内百姓对高质量教育服务的需求。

国家要简政放权，包括下放教育管理权，可是地方教育行政部门却无力承接，不堪重负，因此将教育的部分管理权“向下向外放”就成为政府的必然选择。所谓“向下放”，是指将教育行政管理权向下一级教育行政部门传递；所谓“向外放”，就是将部分教育管理权转移到行政部门之外的组织机构。成立学区，以此来承接无处安放的部分教育管理权变成了许多地方的现实抉择。学区的这一组织特性决定了其对上能承接政府交代的教育工作，对下能联系学校，对外能沟通社区，为百姓提供服务，将政府因人员有限而无法实现的管理与服务落到实处，实现教育惠及一方。我国学区化管理改革既是政府实现“教育服务转型”的一项措施，也是政府引导教育走向治理与服务的一个平台。例如，北京市海淀区积极推进学区制改革，下设十多个学区来辅助政府进行教育管理和提供及时的教育服务。

第二，激发学校办学活力。我国教育采用的是行政管理体制，国家实行的高度统一化的管理给学校办学带来了诸多束缚，如过度管理，学校受到的干扰太多、得到的激励不够等。这种现状令学校倍感缺乏自主办学的空间，许多必要的体制机制保障不到位，束缚了学校的手脚，限制了学校自身的办学活力。在某种意义上，体制性障碍已经成为制约我国中小学办学活力的主要因素。为此，2020 年 9 月，《教育部等八部门关于进一步激发中小学办学活力的若干意见》指出，“深化教育‘放管服’改革，落实中小学办学主体地位，增强学校发展动力，提升办学

① 中国政府网. 2016. 教育规划纲要贯彻落实情况总体评估报告显示——我国教育事业总体发展水平已经进入世界中上行列. http://www.moe.gov.cn/jyb_xwfb/s5147/201512/t20151211_224389.html[2020-05-25].

支撑保障能力，充分激发广大校长教师教书育人的积极性创造性，形成师生才智充分涌流、学校活力竞相迸发的良好局面，推动基础教育公平发展和质量提升，加快现代学校制度建设，为推进教育现代化、建设教育强国奠定坚实基础”。学区化管理是释放学校办学活力的一项有效举措。学区与学校有着天然的联系，学校在学区中办学，可以得到学区的支持；学区既能为学校提供资源共享的平台，同时也能帮助学校解决招生和家校合作方面的诸多难题。可以说，学区化管理可以有效地解决地方教育行政部门因人员不足、事务烦冗而无法为域内每一所学校提供良好的服务这一问题。学区化管理作为国家倡导的一项改革，从客观上而言，在体制机制上发挥着“破冰”功能，能够协助政府破解影响和制约中小学办学活力的诸多困难和问题。

第三，学区化管理的地方探索丰富了我国基础教育，尤其是义务教育阶段的教育治理实践。基础教育是我国国民教育体系的重要组成部分，是提高全体国民素质、促进人的全面发展、增强民族凝聚力和创新力的关键阶段。新时代，我国基础教育发展的目标是实现高质量发展，义务教育阶段的发展目标则是高位均衡。2020年10月29日，中国共产党第十九届中央委员会第五次全体会议通过了《中共中央关于制定国民经济和社会发展第十四个五年规划和二〇三五年远景目标的建议》，该文件确定“十四五”时期教育事业的主要目标是“建设高质量教育体系”，强调“坚持教育公益性原则，深化教育改革，促进教育公平，推动义务教育均衡发展和城乡一体化，完善普惠性学前教育和特殊教育、专门教育保障机制，鼓励高中阶段学校多样化发展”，对步入高质量发展阶段的基础教育新格局提出了更高的要求。高质量的教育格局需要高品质的办学体系来保证。学区化改革致力于提高我国整个基础教育阶段的办学水平，促使我国基础教育从管理向治理转变。从管理向治理转变的标志是参与的主体由政府一方向利益相关者多方过渡。学区化管理为教育从管理走向治理提供了客观条件，即学区管理组织的构成可以是多方的。现实中，我国许多地方的学区化管理改革也正在朝着这个方向努力。北京市海淀区和东城区的学区化管理模式并不相同，但是其管理主体覆盖学区内基础教育阶段利益相关者的举措是有内在一致性的。

二、满足百姓“就近上好学”的需求

胡锦涛在中国共产党第十七次全国代表大会上所做的报告指出，“教育公平是社会公平的重要基础”。实现教育公平是实现社会公平的重要保障，而义务教育的均衡发展正是教育公平的体现。“上好学难”“就近上好学更难”，已经成为制约我国义务教育健康发展的重要问题，更是“办人民满意教育”的难点与突破点。为了缓解“择校热”，保证教育起点公平，减轻升学给百姓带来的压力，2013 年，《中共中央关于全面深化改革若干重大问题的决定》明确指出，“义务教育免试就近入学，试行学区制和九年一贯对口招生”。2014 年，教育部发布的《关于进一步做好小学升入初中免试就近入学工作的实施意见》明确提出要“试行学区化办学”。因此，满足人民群众“就近上好学”的需求成为我国实行学区化管理的出发点。

第一，学区化管理力图破解新时代我国基础教育，尤其是义务教育的主要矛盾。我国历来有重视教育的传统，随着人民生活越来越富裕，家庭有更多的收入用于教育，但是随着就业压力的增大，家长已经不满足于义务教育阶段“有学上”和“上好学”的诉求，不断追求“就近上好学”。因为基础教育是为人一生的成长奠基的阶段，许多家长担心孩子“输在起跑线上”而焦虑。然而，教育行政系统应对百姓需求的反应速度相对滞后。为了破解这一矛盾，实现“就近上好学”这一办学目标，各级教育行政部门多管齐下，在教育投入有限的条件下，寄希望于办学体制机制改革，向管理要效益，向管理要质量，向管理要均衡。学区化管理便是基于这样的主客观条件开展的一项办学体制改革探索。例如，有学者认为，上海基础教育发展的主要矛盾是人民群众接受高质量教育的要求与优质教育资源供给不足的矛盾。为了解决这一矛盾，上海市一直着力推进基础教育优质均衡发展，而学区化、集团化是其重要举措（汤林春，2018）。

第二，学区化管理致力于实现域内公立教育服务均等化。学区通过提供精准、及时且均等的教育服务而普遍获得各界的认可。与传统的行政管理相比，学区化管理更加“接地气”，即学区化管理中的学区更接近学校、社区和家庭，学区执行机构对学校、社区、家庭的教育需求更加了解，也更容易因地制宜地找到解决问题的办法。学区与域内学校、社区和民众的联系较为密切，因此可以对域内各种教育需求做出较为灵敏的反应，这有利于及时、准确地解决实际存在的教育问题，因此获得了百姓的认可。例如，北京市海淀区清河学区的学位向来不足，为了保证每个孩子按时入学，且对自己的入学状况满意，清河学区的教育管理人员为域内每一个适龄儿童量身定制入学方案，2017—2020 年实现了小学入学“零投诉”。这得益于学区为适龄儿童制定的入学方案精准、到位、合理且“有温度”，例如，保证每个孩子乘坐公共交通工具上学的时间不超过半小时，由此获得域内家长的点赞。

第三，学区通过扩大域内优质教育资源覆盖面来改善薄弱学校的办学状况。学区以其独特的组织协调能力提高学校教育资源的使用效率，扩大优质教育资源的覆盖面。学区发挥其功能的基本方式是实现优质教育资源共享，主要体现在以下几个方面。

一是优质课程资源共享。优质课程资源共享是指在优质教育资源总量不变的情况下，通过提高利用率来扩大其边际效益，进而惠及薄弱学校。学区内各学校开设的课程可以分为三类：①国家规定的必修课；②国家规定的选修课；③学校自主开设的特色课。优质必修课在学校内共享通常是通过“同上一堂课”的方式实现，即域内同学段的多所学校的某年级师生通过多媒体网络教室共同参与名师即时课堂教学。选修课与特色课共享则是通过名校向薄弱学校赠送自身开发的选修课程来实现的。学区特色课程共享不仅可以跨校，还可以跨学段。

二是优质师资共享。所谓优质师资共享，是指学区统筹协调域内中小学优质师资，通过跨校授课等方式来实现域内优质师资的共享。

三是优质的办学场地、设备设施共享。学区帮助学校打开“围墙”，实现异校共享操场和多媒体教室以及大型会议室等。

四是先进的办学理念共享。所谓先进的办学理念共享，即学区通过搭建学校间信息共享和办学理念与经验交流平台来实现提升薄弱学校管理层的办学能力的目标。正所谓“一个好校长成就一所好学校”，为薄弱学校培养优秀的管理者是提高薄弱学校办学水平的关键。

推行学区化管理不仅可以促进学区内的教育资源共享，还可以在共享的基础上实现共建，即实现正向增长，主要体现在以下三个方面。

一是帮助薄弱学校培养师资。学区管理机构可以为薄弱学校引进优质师资，实现走校上课，薄弱学校教师通过固定的跟堂学习来提升自身的教学能力。同时，学区还可以通过组织学区内教研活动和建立名师教研室来促进教师之间的互动。

二是扩大学校教学实践的空间。学区可以通过与社会组织形成稳定的合作关系，为域内中小学提供均等的实践活动场所和实践活动课程。这改变了薄弱学校因办学资源不足而无法开足、开齐、开好国家规定课程的局面。

三是提升公立教育的声誉，提升学区内百姓对教育的认可度。学区工作者可以通过与域内社区、家庭的交流，让家长看到学校的积极变化，通过搭建“学校、家庭、社会合作”的平台，构建长期稳定的合作机制，实现教育利益主体间的良性互动。积极的交流与合作有利于家长了解学校，支持学校工作，进而信任学校，这在很大程度上可以缓解薄弱学校因公信力不足和学生管理困难而造成的招生难、办学难问题。

总之，学区应通过整体提升域内中小学办学质量和重点改造建设薄弱学校来实现自身教育供给侧结构性改革，最终实现“校校精彩，人人满意”。

三、为现代教育回归本质铺设道路

现代教育异化已经引起各方的普遍关注。以学校教育为核心的现代教育体系存在许多固有的缺陷，如校内教育相对比较分裂等，学区化管理有助于教育回归到现实中来，有助于破解诸多因教育异化带来的现实问题。

第一，学区化管理有利于融合校内外教育。《中华人民共和国教育法》第五条明确指出：“教育必须为社会主义现代化建设服务、为人民服务，必须与生产劳动和社会实践相结合，培养德智体美劳全面发展的社会主义建设者和接班人。”“培养全面发展的人”是我国的教育方针中对人才培养规格的一项重要规定。然而，人的全面发展客观上要求学生在学校学习的知识要与实践相结合，从而真正内化为相应的素养。要做到教育与生产劳动和社会实践相结合，就需要跨越学校系统，实现学校与社会生产劳动部门的合作，需要校内外教育进行融合。这就涉及一个组织管理的问题，即谁来负责为两者融合设计实施方案、搭建跨系统活动的平台？在地方推行学区化管理之前，合作是通过单个学校自发寻找为学生提供实践活动场所的单位来实现的。学校的自发行为在很大程度上受限制于自身可获得的信息与支持。然而，学区作为一级教育管理组织有着整合域内教育资源的天然优势。例如，北京市海淀区中关村学区自2016年起与区内教育资源单位共建，并编制了《北京市海淀区中关村学区教育资源共享手册》，为区内中小学校利用校外教育资源提供了平等的机会，同时提升了硬件资源的使用效率。

第二，学区化管理能为不同学段间的教育教学交流和衔接提供便利。首先，人要实现全面发展，需要持续学习。现实中课程和教学是分学段进行的，幼儿园与小学、小学与初中、初中与高中的教育教学应该是衔接的，但常出现幼儿园小学化，以及小学与初中、初中与高中课程教学不连续的现象。学区化管理可以通过为不同学段之间的交流与合作搭建平台，促进不同学段教师之前的交流。例如，笔者在北京市通州区调研时，老师们反馈，只有学区组织学校进行跨学段交流，同学科的教师之间才能了解彼此教学中存在“断档”的问题，如高中化学老师认为初中老师教授过氢离子，学生自然应该会写离子方程式，但是情况并非如此。其次，学区应该组织跨学段的研学旅行，让小学生到初中和高中参加活动，了解未来自己就读学校的状况。许多小学生参加活动后对未来自己就读的学校“心生向往”，相应地，初中和高中学生走进小学，能协助小学教师开展学生校内实践活动。这不仅能使小学升初中更加顺利，有利于稳定生源，同时也能增加学生间的代级交往，培养其热爱学校的“校情”和关爱“家人”的“乡情”。这对于创造融洽的地方教育环境非常有利。

第三，学区化管理能为构建学习型社会搭建平台、提供助力。教育要产生作用，最终要通过学习者来体现。只有学习者善于学习、乐于学习、有机会学习，才能实现自我的终身学习和可持续发展。学校教育的内容毕竟有限，且写进课程标准中的内容往往已经不是人类最新的发现，因此培养学生主动学习的意识和提高其主动学习的能力就显得格外重要。受场所和教学任务的限制，学校能提供给学生的学习资源是有限的，所以实现终身学习需要学习型社会予以支持。学区化管理有利于打破学校之间的壁垒，学区通过自身的管理机构定期召开学区教育联席会议，与旨在建设学习型学区的相关机构洽谈和协商学区学习环境改造的相关问题，并着手落实。学区有目的、有步骤地让学生和教师以及学校了解学区中和社会上有诸多学习场所、存在多种学习形式，让师生认识到人的发展最终要靠自己，要通过不同的学习方式主动提高自身的学习能力，进而将学区内每一个人塑造成能够实现自我可持续发展的学习者。目前，我国学习型社会仍在持续建设中，这一发展目标不是依靠单一系统可以实现的，势必需要教育系统的参与，甚至教育系统要负主要责任。“学习型社会就其形式来说，是要创造一个全民学习和终身学习的社会；就其实质来说，就是一个‘以学习求发展的社会’。”（顾明远，石中英，2006）学区化管理可以跨系统整合社会的教育资源，与街道和社区合作为域内中小学生创造丰富多样的学习环境，为居民打造各种学习化的休闲场所。这突出了学习的主体性、选择性和无限可能性，将整个学区打造成学习化的场所，为学区内每一个人提供合适的学习资源，这是符合国家、社会、百姓和学生可持续发展利益诉求的改革与创新。

此外，虽然学区化管理是从教育管理体制机制改革入手，但是改革的目的是提高域内公立学校的整体教育质量。这就要求改革的落脚点要指向教学，要回归教学，最终指向育人，这是一切教育改革的终极目标。改革者切记不要在这个过程中迷失了方向。

第二节　学区化管理内涵的辨析

探索学区化管理的规律和策略，首先需要明确学区化管理的内涵及其使用边界。目前，各国对学区化管理的认识、理解有很大的不同，赋予学区的功能和责任也有很大不同。在我国，学区化管理是一项实践性极强的探索，各地对其内涵的理解不尽相同，具有一定的时代特征。

一、学区化管理的内容维度

第一，从管理模式变革视角分析，地方政府对学区的管理方式发生了根本性变化。要明理解何为学区化管理，首先要明确何为学区以及现实中是如何使用学区这一概念的。我国对学区化管理内涵的认识与其历史变迁密切相关。

中华人民共和国刚刚成立时，部分地区仍然保留着学区这一教育管理层级，“但那时的学区主要是作为教育行政部门对基础教育特别是对小学进行管理的一个层级”（陶西平，2014）。这时的学区在城市主要是由行政机构或者党组织进行管理，管理机构有的设在街道的管委会，有的设在中心校；农村地区大部分是在乡镇设立管理机构，或者由学区内的中心校管理村小学。也就是说，这一时期学区的管理既可能是由地方政府某一部门负责，也可能是由中心校代管，以校治校。教育行政管理体制改革的关键在于理顺中央与地方的关系。学区化管理制度化的重点也在于厘清学区与地方政府、学校与社区之间的关系。国家发展需要明确划分中央与地方各级政府的职责权限，建立一个既能加强中央的集中统一领导，又能充分调动地方发展教育的积极性的管理体制，学区的发展也同样要注重体制机制建设。

随着机构精简、教育行政管理层级的减少、学校的办学自主权适度扩大，我国不少地区逐渐淡化了学区这一管理层级，有的将其取消，有的由中心校校长代行学区管理职能（陶西平，2014）。这时学区管理的功能在逐渐萎缩，并且学区的概念也出现了分化。一种学区是小学管理的一个层级，另外一种则是招生的片区，即学校招生覆盖的领域。如果地方政府制定的招生规则为“单校划片”，那么一个学区内只有一所对应的招生学校；如果地方政府制定的招生规则为“多校划片”，那么一个学区内对应招生的学校通常会达到2～3所。无论是

“单校划片”还是“多校划片”，这些学校往往都属于同一学段。在这种情况下，学区划分的标准就是招生的规则，在这一意义上，学区可以被界定为教育行政部门根据就近入学以及管理原则，按照中小学校的分布情况划分的区域（程雁雷，隋世锋，2019）。

21 世纪初，部分地区进行了新的学区化管理探索，如北京市东城区将区域内的所有中小学组成学区，学区内各校实现优势互补、资源共享。此时的学区并不是指某所学校的入学范围，其内涵也因地方采取的管理方式及赋予其的管理内涵而呈现出多元化趋势。多数情况下，学区可以被视为一种学校联盟，即从管理模式层面分析，学区可以被定义为教育资源差异环境下松散的发展组织形式（郭丹丹，郑金洲，2015），有的联盟设牵头学校，有的联盟由成员校轮流担任召集人，学区内没有专门的管理机构。

由于我国的学区化管理尚处在地方探索阶段，地方政府对学区设计与划分方式的不同决定了学区的种类各异。以成都市为例，其学区可以分为四类：第一类为相同学段学区，即“按相对就近的原则，把几个相同学段的学校组建为一个学区，缩小相邻学校教育教学质量差距，实现相邻学校协同发展，实现学区内义务教育校际均衡。一般可分为小学学区和初中学区”。第二类为教育主题学区，即“根据区域特点，发挥区位优势，充分利用区域资源，确立学区主题，并紧密围绕主题开展工作”；第三类为直对入学学区，即“结合区域内小学、初中布局，将小升初对应‘单校划片’的小学和初中或九年一贯制学校组成学区单元，整合教育资源，促进学校协调发展”；第四类为其他形式学区，即“鼓励各区（市）县结合区域实际，创新学区划分形式，创造性开展学区制建设工作”。①成都市教育局对学区内涵的理解非常丰富，划分的方式也趋于多元。

第二，从功能视角来看，学区化管理与传统的学区管理虽然仅一字之差，却有着本质的区别。从逻辑上分析，有学区便会有相应的学区管理，但是多了一个“化”字，则意味着管理的基点指向学区，这种指向既包括过程又包括结果。学区化管理意味着学区的功能不再局限于对招生范围进行规定，学区的功能、内涵及存在的价

① 成都市教育局. 2017. 成都市教育局关于印发《成都市义务教育阶段学区制建设指导意见》的通知. http://gk.chengdu.gov.cn/govInfoPub/detail.action?id=1546354&tn=2[2020-05-29].

值都发生了巨大的转变。例如，有学者认为，在学区化管理改革下，学区是根据地区内部教育教学的实际需要和学校发展背景与条件，将不同层次且地理位置相对集中的若干所学校组成的资源共享、交流合作及共同发展的协作体（蔡定基，黄威，2011）。这与将学区定位为“松散的校际联盟”的理解相一致。组成学区的学校通常为某一区域距离较近且各自独立的中小学校，各所成员学校共享资源，为学校间的协同发展搭建了一个平台。

第三，从学区与学校的关系角度分析，学区是介于区（县）教育行政部门和学校之间的一级教育管理机构。学区是学校的上一级管理组织，学校是学区的服务对象。因此，从整个办学过程和办学结果来看，可以将学区化管理的内涵概括为三个方面：“基于学区”“在学区中”“为了学区的发展”。“基于学区”是指学区创办学校，为学校发展提供相关费用，学区行政管理人员都来自学区内，以学区为基础；“在学区中”是指学区内的中小学教育，甚至包括部分高等教育的发展都离不开学区的支持，为此学区和学校的管理要规范，要吸纳学区内的社会力量参与办学；“为了学区的发展”是指学区内教育的发展要与学区中人的发展、学区内各行各业的整体发展密切结合。在推行学区化管理的过程中，如何划分学区，如何确定学区的层级（即学区的行政规划级别），要因势利导、按需而定（郭元婕，2014）。

二、学区化管理的认识误区

第一，教育的学区化管理不等于学校的学区化管理。在学区管理中，学校是主体，办好学校教育，尤其是办好公立学校的教育是世界各国进行学区化管理的主要责任。然而，这不等于说学区化教育就是学校教育的复合体。理想的学区化管理应该覆盖学区内一切与教育相关的事宜，而不仅仅限于学校教育，同时应该关注社会教育及家庭教育。因为教育本身是一体的，要使各类教育充分发挥应有的功效，相互之间的衔接就是必要的。事实证明，现代教育的异化、校内外教育分裂、各类教育彼此缺乏沟通以及应试教育难以逆转等问题，在很大程度上都与各国过于关注公立教育而相对忽视了其他教育的价值以及没有给予其必要的关注和支持密切相关。这种局面需要改变，学区化管理作为最“接地气”的一级教育管理，需要首先对这些教育问题做出应对，找到解决问题的路径。例如，校外培训与正规的学校教育之间长期以来如影随形。“影子教育”（shadow education）又称教育补习、私人补习，是指由私人付费，处于主流学校教育之外的一种补充性教育，其授课内容仅包括学术性课程，并随主流学校课程和考试内容的变化而变化（周霖，周常稳，2017）。“影子教育”作为一种独特的教育想象和教育形式长期存在，成为教育备受社会诟病的焦点。“影子教育”已经严重影响到了青少年的身心健康，与我国培养“全面发展的社会主义建设者和接班人”的要求相背离。这时就需要学区来协同家校之间的衔接与合作，而不是将这一责任完全推给学校。目前，我国的学区化管理还没有全面铺开，学校仍然承担着与教育相关的所有育人责任，这令许多学校的校长和教师感到不堪重负，例如，“课后服务”也要学校来负责。如果学区能统一提供相应的课后服务，那么学校的负担就会相对减轻很多，学校也会把精力用在日常教育教学的管理和服务上，各司其职，更有利于学校发挥应有的功能。

第二，进行学区化管理，不等于增加了教育行政管理层级。在我国，学区化管理是“去行政化”的。这意味着我国学区化管理中的学区不是一级行政管理机构，即使协助地方政府承担部分管理职责，其办事人员也非政府的公务员。我国的教育行政层级与我国的行政层级对等，按照我国现行的行政管理体制的规定，学区不属于国家认可的一级行政规划。《中华人民共和国宪法》第一百零七条规定：“县级以上地方各级人民政府依照法律规定的权限，管理本行政区域内的经济、教育、科学、文化、卫生、体育事业、城乡建设事业和财政、民政、公安、民族事务、司法行政、计划生育等行政工作，发布决定和命令，任免、培训、考核和奖惩行政工作人员。”这意味着地方教育的管理权限主要在“县”这一级地方政府。这一教育管理的以“县”为主的定位在《中华人民共和国教育法》中得以延续。《中华人民共和国教育法》第十五条规定：“县级以上地方各级人民政府教育行政部门主管本行政区域内的教育工作。县级以上各级人民政府其他有关部门在各自的职责范围内，负责有关的教育工作。”《中华人民共和国教育法》第十六条规定：“国务院和县级以上地方各级人民政府应当向本级人民代表大会或者其常务委员会报告教育工作和教育经费预算、决算情况，接受监督。”由此可见，学区并不具备法律认可的行政地位。此外，增加行政管理层级会增加诸多行政负担和财政负担，这与我国“简政放权”的改革思路也不相符。

第三，学区化管理是一项体制改革，还是一项机制改革？这是令许多改革者感到困惑的问题。事实上，两者并非对立的关系。目前，我国地方进行的学区化管理改革，既有体制改革，也有机制改革；既有以体制改革为主的尝试，也有以机制改革为主的探索。改革呈现出多样化态势，是我国学区化管理处于探索阶段必然发生的状况，也是学区化自身存在多种发展状态的必然结果。我国学区化管理并没有成为国家的一项法定管理制度，因此其规范性与长期实行学区制的美国和法国相比还有一些差距。

三、学区化管理的内在逻辑

学区化管理作为我国基础教育阶段的一项办学体制改革，其存在具有自身内在的逻辑：一是传统的学区划分方式颇受诟病，不能满足我国基础教育发展的现实要求，需要加以改革；二是改革需要通过制度创新释放学校的办学活力，进而普遍提升地方中小学办学质量，缩小校际差距，促进学校均衡发展。

（一）区域教育质量托起国家教育质量

公平与质量是当代教育发展的两大主题。两个问题又可以归结为一个核心问题，那就是要全面提高整个国家的教育质量。因为无论是通过改造薄弱学校来缩小校际差距、提高教育公平，还是通过教育供给侧结构性改革来实现让百姓能够享受充分且多样的教育的办学目标，归根结底都要提供“有质量”的教育。学区作为衔接学校和地方政府的一个教育管理层级，是最“接地气”的区域教育单元。可以说，我国的学区化管理是以提高教育公平为出发点，指向提高域内教育质量的一项改革。

学区化管理改革能解决学区划分产生的系列教育问题。学区划分的合理性始终是困扰我国义务教育阶段学校招生制度设计的核心问题，同时也成为社会各界关注“择校热”治理的关键。“择校”并非所有适龄儿童都可以享有的权利，因此事实上其已经演变成为一种教育“特权”。同时，随着“择校热”的升温，择校形式趋于多样，“以钱择校”“以权择校”“以分择校”等多种方式层出不穷，激化了因教育不公平产生的社会矛盾。产生“择校热”的原因有许多，但是根本原因还在于学校之间的差距过大，对适龄儿童享受平等的受教育权产生了影响。因此，改善薄弱学校的办学状况成为国家关注的重要问题。学区化管理改革的出发点便是解决人民群众关心的“上好学难”的问题。政府采取“两条腿走路”：一是严格执行“就近入学”制度；二是通过学区化管理等探索改变薄弱学校的落后状况，整体提高我国义务教育阶段的教育水平。

我国中小学校际差距大是历史原因积累的结果。中华人民共和国成立之初，百废待兴，国家对教育的投入十分有限。为了缓解“入学难”的问题，国家鼓励各企事业单位兴办学校。于是，各机关、企事业单位和厂矿纷纷兴办自己的子弟学校，并给予必要的投入。这极大地缓解了中华人民共和国成立之初因学校不足而导致适龄儿童失学的问题。但是，同时也遗留下来了因学校隶属关系造成的教育资源配置先天差异而导致的后天发展不均衡问题，且这种办学差距不断扩大，学校空间分布不均、规模设置不合理、办学质量校际差别大等，成为影响我国义务教育健康发展的系统性难题。

学区化管理的最大特点是，在区域教育管理层面，在很大程度上缩小了薄弱学校与优质学校的差距，通过营造一体化治理的教育环境，尽力让薄弱学校享受与优质学校同等的社会办学支持，帮助薄弱学校提高整体师资水平，缩小校际差距，满足域内百姓的教育诉求。这有利于缓解因“学区划分”造成的教育压力，让家长对招生片区对应学校的办学质量感到满意。这是保证教育起点公平的有利改革举措。

只有办好每一所学校，才能真正提高区域的办学质量。在某种意义上，学区化管理改革的目的就是要办好域内每一所学校。学校是我国办学的基本单元，学校教育质量决定了区域教育质量，进而决定了国家教育质量。为了办好每一所学校，地方推行学区化管理时，通常采取的方式是扩大优质教育资源的覆盖面及其总量，实现对薄弱学校的改造，进而实现教育均衡发展。“择校”作为一种教育选择，其本身无好坏之分，问题的根本在于教育供给无法满足受教育者的现实需求，且优质的教育资源相对集中在许多名校和优质学校。为了避免通过“削峰填谷”来缩小校际差距，提高薄弱学校的办学水平成为我国进行学区化管理改革的重点和突破点，通过构建学区内教育资源共享机制来实现“改薄”目的，实际上是通过提升薄弱学校的教育质量来实现教育公平，从而提高域内的整体教育质量。

（二）制度创新突破体制机制障碍

深化教育体制机制改革，要全面贯彻党的教育方针，坚持社会主义办学方向，全面落实立德树人根本任务。2017 年 9 月，中共中央办公厅、国务院办公厅印发的《关于深化教育体制机制改革的意见》要求“系统推进育人方式、办学模式、管理体制、保障机制改革，使各级各类教育更加符合教育规律、更加符合人才成长规律、更能促进人的全面发展”。该文件还进一步指出，要实现这些目标，就要“完善义务教育均衡优质发展的体制机制”，“改进管理模式，试行学区化管理，探索集团化办学，采取委托管理、强校带弱校、学校联盟、九年一贯制等灵活多样的办学形式。完善入学制度，统筹设计小学入学、小升初、高中招生办法”。由此可见，我国倡导学区化管理改革的目的是通过制度创新来突破体制机制障碍。学区化管理如何才能突破原有办学上的体制机制障碍呢？这要从以下几个方面入手。

第一，建立学区治理体系，这需要跨系统的多主体参与。制约教育发展的要素往往来自教育系统之外，如土地、编制和经费等学校办学所需的保障性投入往往来自教育系统之外的政府或其他机构。如果学区治理没有这些利益相关主体参与，必要的投入便难以得到保障。“如果制约教育发展的瓶颈问题难以得到实质性突破，那么许多体制机制障碍会进一步阻碍教育的发展，使其无法满足人民群众日益增长的多样化教育需求。”（郭元婕，2021b）如果教育部门与其他部门之间的协调不足，多项学区治理所需的体制机制改革与创新将难以顺利开展。例如，许多学区内的学校要开展选课走班制的探索，但是如果没有地方编制部门的支持，是无法应对结构性缺编问题的，也就无法真正将探索落到实处。学区管理者要善于搭建合作平台，促进学区内各教育相关要素协同发展。

第二，要改善薄弱学校的办学状况，学区就要建立优质教育资源共享机制。一是建立学区内各学校间的资源共享机制，即学区通过组织开展全学区校内外教育资源调查，包括调查学校硬件资源、干部队伍、骨干教师，以及学校周边资源、专家团队等方面的情况，在调研的基础上，促进学校间设施、课程和师资共享，提高学区的整体办学水平。二是建立学区内各类教育资源的整合统筹机制，实现公共文化资源的优化配置，即盘活各种资源，强化资源的整合利用，落实学校资源和社会资源的“双向开放”，实现合作共赢；充分利用外部优质资源，联合打造学区的特色品牌（陆云泉，2016）。此外，要促使学区内的教育朝着高位均衡方向发展，各学区在整合教育资源时需要遵循三个原则，即“基于区域背景”“基于学区职能”“基于共同目标”（林子敬，2019）。基于区域背景是指学区管理者要掌握学区内学校的种类、数量、结构和布局等方面的办学情况，并了解这些学校的办学质量，清楚哪些学校拥有哪些优质的教育资源，以及如何充分利用这些资源惠及学区内更多学校，以实现资源利用效益最大化。基于学区职能就是学区在成立学区管理组织机构时，要明确其具有整合、优化、增长和拓展学区内教育资源并实现其共享的职责。基于共同目标是指要帮助薄弱学校改善办学条件和提升教育教学质量，提高其办学水平，以实现域内教育均衡发展。

第三，建立学区教育督导评估机制，实现“管办评”携手促发展的良好态势。所谓“管办评”携手，就是学区治理要实现管理、办学和督导评估三方并重，只有三者形成合力才能够使域内形成良好的教育发展格局。其中，督导评估要由“区-学校”两级联动转变为“区-学区-学校”三级联动，实现学区教育督导和评估的常态化。我国基础教育阶段的办学是“以县为主”，因此在一些城市，区人民政府教育督导室作为区级教育督导委员会的办事机构负责具体的日常工作。推行学区化管理改革的地区，要在区和学校之间增设一级学区教育督导机构，以此来完成对学区日常教育教学工作的督导与评估，定期发布督导报告，自觉接受社会的监督，向学区管理组织机构提交评估报告与整改建议。这样才更有利于学区完善自我管理组织体系（杨春芳，杨旭，2017）。

（三）完善教育体系应对社会变迁

地方政府推行学区化管理，是为了通过拓展学区的办学职能来更好地满足社会发展对教育提出的新需求。

首先，人口的增长与迁移给城市公共教育系统带来了空前的压力，也给城市的教育管理提出了新的命题。国家统计局的数据显示，随着“单独二孩”政策的出台，2015 年，我国“第二孩次出生人口数（人口抽样调查）”为 69 695 人。[①]出生人口数的提高，在一定程度上缓解了我国人口老龄化的问题，出生人口数的变化对教育、医疗、文化等社会各个领域都将产生深远影响。随着城镇化的步伐越来越快，随迁子女数量越来越多。根据国家教育事业统计数据，2017 年，我国为 1406.63 万名随迁子女提供了义务教育。[②]2019 年的这一数据增长到 1426.96 万人，其中，在小学就读 1042.03 万人，在初中就读 384.93 万人。[③]如此大规模的随迁子女义务教育供给，在世界教育史上都是罕见的。为了保证进城务工人员子女能接受良好的教育，党和国家突破制度障碍，为数千万随迁子女提供义务教育，提出“两为主”“两纳入”的政策。[④]2006 年 3 月，《国务院关于解决进城务工农民问题的若干意见》出台。该文件第二十一条规定：“保障农民工子女平等接受义务教育。输入地

---

① 国家统计局. http://data.stats.gov.cn/easyquery.htm?cn=C01&zb=A03060F&sj=2019[2020-05-28].

② 中华人民共和国教育部. 2017 年全国教育事业发展统计公报. http://www.moe.gov.cn/jyb_sjzl/sjzl_fztjgb/201807/t20180719_343508.html[2020-05-28].

③ 中华人民共和国教育部. 2019 年全国教育事业发展统计公报. http://www.moe.gov.cn/jyb_sjzl/sjzl_fztjgb/202005/t20200520_456751.html[2020-05-28].

④ “两为主”“两纳入”，即国家为了解决随迁子女就学问题，推行的以流入地政府为主、以公办学校为主，同时将常住人口纳入区域教育发展规划、将随迁子女教育纳入财政保障范围的政策措施。

政府要承担起农民工同住子女义务教育的责任，将农民工子女义务教育纳入当地教育发展规划，列入教育经费预算，以全日制公办中小学为主接收农民工子女入学，并按照实际在校人数拨付学校公用经费。城市公办学校对农民工子女接受义务教育要与当地学生在收费、管理等方面同等对待，不得违反国家规定向农民工子女加收借读费及其他任何费用。输入地政府对委托承担农民工子女义务教育的民办学校，要在办学经费、师资培训等方面给予支持和指导，提高办学质量。输出地政府要解决好农民工托留在农村子女的教育问题。”人口政策和随迁子女教育政策极大地增加了城市的教育负担。许多城市不得不紧急扩充中小学，区县学校数量由此激增。例如，2010—2015 年，北京市海淀区中小学数量均超过 200 所。[①]大规模的学校总量增大了地方政府进行教育管理的难度，政府急需学区这一层级承接政府的部分管理职能。因此，北京市海淀区于 2015 年启动了学区制改革，探索通过学区化管理改革来完善域内教育治理体系建设。

其次，百姓教育需求多样化的程度越来越高，需要学校办出特色，满足不同学生群体的教育需求。然而，特色建设是一项复杂的工程，许多学校无法仅仅凭借一己之力来实现这一办学目标。学区化管理可以帮助学校做出合理的应对。例如，从 2016 年开始，北京市海淀区青龙桥学区联合区域内两所中医药专业资源单位——中国医学科学院药用植物研究所和中国中医科学院西苑医院，并邀请北京师范大学教育学部课程开发专家、中小学一线教师等，开发了适用于义务教育学段的“中草药与传统文化”课程，极大地弥补了学区内实践活动课程不足的缺陷。这样的特色课程开发不再是某一所学校的职责，而是转变为学区的工作，速度更快，效率更高，质量也有保障，受到学区内中小学的好评。

最后，我国对学区化管理的探索在某种意义上是我国教育管理系统自我完善的一个过程，是解决新时期经济社会发展给教育提出的新问题的一种手段和路径，是教育系统通过自身体制机制改革来提高自身的教育供给能力、应变能力和服务能力的一个过程。

① 北京市海淀区人民政府. 2020 北京海淀统计年鉴. http://zyk.bjhd.gov.cn/sjkf/ndsj/202012/t20201215_4439271.shtml [2020-05-28].

第三节　学区化管理的理论基础

学区化管理改革已经在我国一些地区推广实施，影响日益增强。目前，我国对学区化管理相关理论的研究较少，毕竟改革还处于探索阶段。但是，如果长期缺乏理论指导，不能在实践中及时提炼、概括相关理论，势必会影响学区化管理的持续深入推进，要想使办学持续深入推进，势必会面临较大的障碍。

一、协同发展理论

无论是对传统学区化管理还是现代学区化管理的探索，均有一个共同的特点，就是以学校为中心进行管理且学区内的学校不止一所，学段也未必追求统一，各学校之间的协作发展效益最大化便是所有学区化管理追求的第一要义。因此，协同发展理论是探索学区化管理必要的理论基础。学区协调发展理论源于协同论，又称协同学、协和学，是系统科学的一个重要分支，由德国著名物理学家赫尔曼·哈肯（H. Haken）创立于 20 世纪 70 年代，与突变理论和耗散结构理论并称为现代三大系统理论。

协同论研究“开放系统通过内部子系统之间的协同合作形成宏观有序结构的机理和规律”（郭治安，沈小峰，1991），这意味着协同论的主要研究对象一般是“由众多子系统交互作用产生的，自身能够实现复合结构从无序到有序的开放系统”（哈肯，1990）。协同论的基本观点可以概括如下：将研究对象看作由多个子系统构成的复杂而开放的系统，各子系统在能量、物质、信息等方面相互影响、相互制约、相互协作，推动复杂系统在时间和空间上呈现出由无序到有序的状态，并形成新的结构或产生整体效应（刘晶晶，2019）。

协同论应用的范围非常规范，因为它不仅研究系统从混沌到稳定的变化规律，也研究其从稳定向无序变化的原因。协同论抓住了不同系统处于临界状态时的共同特征，并能结合各系统出现的具体现象描述从无序到有序的转变规律，因而在社会、经济、教育等领域得到了广泛运用。

首先，协同论指明真正的系统发展的必然结果指向协同，也可称为协同作用或者协同效应（潘开灵，白烈湖，2006），即复杂开放系统中的大量子系统相互作用而产生的整体效应或集体效应。在新一轮学区化管理探索中，已有学校系统的稳态被打破，学校间的竞争与合作使得学校系统在很多情况下变得不稳定。要让原本各自为政的学校在学区的框架下相互协作、共同发展，则需要按照协同发展规律来运作。协同效应是系统形成有序结构的内部驱动力，要实现学区内教育资源利用率、效益的最大化，学区需要形成学校长期合作的共建共享共赢的内在动力机制，进而使作为子系统的各学校的功能叠加产生 1+1＞2 的整体效应。

其次，客观分析，世界上所有的系统，无论是系统之间还是系统内部，都存在着协同作用。只是在协同过程中，各种变量发挥的作用有很大的不同。通常而言，一个系统的稳定性总是要受到两类变量的影响，即快变量与慢变量。“当系统受到外来干扰而产生不稳定状态时，快变量会迅速反应并产生一种类似阻碍的作用企图使系统回归稳定状态，而慢变量会在这种状态下产生使系统离开原有的稳定状态走向非稳定状态，它在系统稳定和不稳定状态的临界点中表现出无阻碍的特点。快变量与慢变量二者相辅相成，快变量伺服于慢变量。”（王雨婷，2020）例如，学区中的名校与薄弱学校在应对社会对人才培养规格的要求时，其应变能力是不同的。

最后，协同论认为，当系统内部没有得到如何组织或者形成结构这类外部指令时，通过自组织原理调和内部子系统，使之能够按照某种规则自动形成一定的结构或具备一定的功能，这便是系统的自组织能力。自组织原理是协同论的核心理论，它提醒学区管理者不需要直接参与办学，解决学区内的某些问题，未必要亲力亲为，只要制定好规则，创造适合于薄弱学校发展的生态环境，薄弱学校就会进一步发展。系统从无序状态变为有一定结构的有序状态，或者从有序转变为更新的有序状态，首先需要在环境方面提供相应的保证，这是必需的外部条件（郭治安，1988），学区管理者营造的外部环境和提供的保障性支持，就是学区内的学校自我发展必需的外部条件。可见，自组织是相对于他组织而言的。系统具有自组织能力，体现了系统协同发展的内在性和自生性特点。

学区管理者在制定学区发展政策、构建学区发展机制时，要善于应用协调发展理论，根据实际情况决定自身的定位与功能。从资源配置角度来说，试行学区化管理改革的学区是教育资源共建共享的区域单元，是一个人力资源、物力资源共享的平台，学区如何发挥平台的作用，决定了其效益的达成度。

二、现代治理理论

现代治理理论的兴起源于传统管理模式在一定程度上的失效。19 世纪 90 年代以前，“管理”这一概念被普遍应用于社会管理。其含义如下：在特定的组织中，管理者通过计划、组织、领导和控制对拥有的资源进行安排，以实现既定目标的过程。然而，全球化、民主化以及分权化的社会发展趋势极大地改变了公共管理的生态环境，社会关系日益复杂多变，相互依存的程度不断提高，政府、工商界和市民社会之间的合作正成为民族、国家竞争力和国家繁荣的基本构成要素（Paquet，1999）。于是，强调以“强权”与“控制”为特征的管理理论逐渐显示出其局限性，在此背景下，治理理论应运而生。

从词源学角度分析，治理一词最先源于古典拉丁文和古希腊语中的“掌舵”一词，原意是控制、引导和操纵，长期以来，它与统治一词交叉使用，并且主要用于与国家公共事务相关的管理活动和政治活动中（于杨，2009）。从“治世”取向分析，“治理”与“管理”虽然仅一字之差，但二者在理顺各种社会关系时采取的思路却有很大不同。前者强调“专治”，即权力集中于单一主体，过程相对封闭，而“治理”更强调“利益相关者共同治理”，权力相对分散。就运行机制来看，“治理”强调民主决策、多元主体共同参与、协同合作，通过内部的相互关系实现权力制约和机构运作；而“管理”则强调由管理者制定决策并发出指令，被管理者被动地执行，从而达到整个系统的有效运转（王雨婷，2020）。

全球治理委员会（Commission on Global Governance）[①]认为，治理是个人或机构、公共组织或个体组织管理共同事务采取的多种方式的总和。治理是一个持续的过程，通过这个过程可以调和不同群体间的利益冲突，并且可以让不同利益群体联合起来采取行动。治理既包括有强制执行力的符合规范的正式机构和规章制度，也包括群体和机构同意或一致认为符合其自身利益的非正式安排。[②]这意味着治理不仅是一套规则，也不只是一种活动，而是一个过程。治理过程的基础不是"控制"，而是"协调"；治理不仅仅是一系列正式的制度，还包括持续的互动。

就政治学领域来看，治理具有以下特点。一是治理突出民主和自治的价值，即提倡公民及公民组织对政治生活的参与；二是强调政治权力的下移和权力运行的双向性，即治理不但意味着权力的分散化，也表示权力自下而上运行具有可能性；三是治理突出制度的合法性，即制度只有建立在沟通协调与广泛认可的基础上才能发挥应有的作用；四是治理意味着主体的多中心化，即治理在本质上是多中心主体的共同治理，它通过多元主体的优势互补，从而力图最大限度地实现公共利益（马全中，2013）。治理意味着在为社会和经济问题寻求解决方案的过程中，存在着界限和责任方面的模糊性；在涉及集体行动的各个社会公共机构之间存在权力依赖；参与者最终会形成自主的网络。管理的边界往往是清晰的，否则就很难实施有效的控制。但是，现实中，事物的发展是动态的，具有很大的不确定性，清晰的任务设定无法应对快速变化带来的边界变化，于是以治理的思想来应对变革与创新更加具有优势。同时，我们也可以看出，治理体系与模式的构建是以治理机制建设为基础的，而不是以政府权威为基础的。

治理是指在某个范围内有共同的目标指向，以制度体系为依据，通过建立治理主体之间协调平衡的关系，以主体间良好的互动作用来实现整体发展的动态过程

---

① 全球治理委员会是1992年由28位国际知名人士发起成立的，该委员会于1995年发表了研究报告《天涯成比邻》（*Our Global Neighborhood*），较为系统地阐述了全球治理的概念、价值以及全球治理同全球安全、经济全球化、改革联合国和加强全世界法治的关系。

② Commission on Global Governance. Our global neighbourhood：The report of the Commission on Global Governance. http://www.doc88.com/p-2038705518427.html[2021-08-02].

（王雨婷，2020）。虽然治理有应变的特征，但是治理同样要有明确的目标指向，而且在整个治理过程中，终极目标通常是不会发生变化的，过程性的目标却在不断调整。

发展至今，学区已演变成为介于区域教育治理与学校治理之间的一种新型教育治理体制，是资源共享融通、协商共治的新型治理模式（陆云泉，2016）。因此，学区治理要注意以下几个问题：一是明确学区治理的关键是要建立学区内学校间协同发展的动力机制，这是学区实现自治和发展良性循环的目标指向。二是学区一旦成立以后，各种机制的建设便成了学区治理的重要任务，例如，学区内学校的招生机制、教师交流机制、教育资源共享机制和信息公开机制以及声誉共建机制等。三是学区负责人要努力在学区治理主体间构建和谐的氛围，使得各主体之间能够形成良好的互动，这样更容易就现有问题达成共识，并采取有效的行动，这是学区各项政策得以出台和得到落实的关键所在。

中国共产党第十八届中央委员会第三次全体会议提出了“推进国家治理体系和治理能力现代化”①。教育作为一种准公共产品，既要保证教育的公共性，也要保证教育产品的质量，提高教育效率。党和国家提出的从“管理”向“治理”转变，也适用于学区这一教育单元。把治理理论的体系延伸至教育领域，在学区化改革中进行区域教育治理的基层探索，是一项非常有价值的工作。地方教育行政部门通过成立学区，将基层与教育相关的部门和各类社会组织联系在一起，共同参与地方教育治理，开启了地方教育共治的新篇章。

地方政府须围绕释放学区管理活力、增强学区发展动力、推进教育资源的合理布局等开展域内教育治理（王婷婷，2017），通过多元主体参与办学，增强教育与社会的互动，逐步构建“政府管、学校办、社会评”的教育治理体系（程艳霞，龚春燕，2016）。学区作为承接政府部分教育管理职责的一级组织，能够协助政府实现教育由传统的管理走向现代治理，使我国中小学教育管理在“主体”“权力来源”“权力运行方向”“运作模式”等方面发生转变，详情见表 1-1。在治理理念下，学

---

① 新华网. 中国共产党第十八届中央委员会第三次全体会议公报. http://www.xinhuanet.com//politics/2013-11/12/c_118113455.htm[2020-05-30].

区的内涵也逐渐从简单的上学区域向管理单位转变，政府对学区的认知也从被动的“划学区”向主动的“办学区”转变，这也是我国教育治理体系建设的实践探索，是实现教育治理体系现代化、创新区域教育管理体制的一项重要尝试。有学者认为，学区治理应该以学区为基本单位建立教育现代化治理体系，由单一的行政部门管理向多元治理转变。将学区与社区有机统一，建立教育与社会的联系机制（吴晶，2018），这种观点具有一定的代表性。

表 1-1　教育管理与教育治理的比较

比较内容	传统教育管理	现代教育治理
主体	单一主体（政府）	多主体（政府、学校、社会组织、教师、学生、家长等）
权力来源	权力机关授权（人民间接授权）	人民直接行使权力（自治、共治）
权力运行方向	自上而下	上下互动
运作模式	单向、强制、刚性	复合、协作、包容

资料来源：褚宏启. 2014. 教育治理：以共治求善治. 教育研究，(10)：4-11

三、利益相关者理论

学区治理的一大特点就是与学区利益相关的人均被纳入决策者和咨询者的范畴，这就涉及了利益相关者理论。

首先，从词源学分析，“利益相关者”是指与企业的联系比较密切的人。这意味着此概念最初来自企业管理。利益相关者理论产生于 20 世纪 60 年代，由美国、英国两国的企业管理研究者提出并传播开来。“与以往传统的股东至上的企业管理理论不同，该理论认为任何一个公司或企业的发展都离不开各种利益相关者的投入与参与，如股东、债权人、公司雇员、顾客、供应商、政府等”（朱月华，2020），即“任何能影响组织目标实现或受公共政策发展影响的全体和个人”（爱德华·弗里曼，2006）。利益相关者理论的核心是，“以系统的观点彻底审视与某事件或组织运转有关的利益方及其行为特征，并以这些特征为基础和标准建立主体正常运转的行动机制”（朱月华，2020）。这意味着如果利益相关者不参与到利益的分配中，他们就很可能不会积极地参与到治理创新的活动中，更不会心甘情愿地为此做出贡献（王雨婷，2020）。

利益相关者理论虽然起源于企业管理，然而“利益相关”现象却并不仅仅存在于企业中，在其他领域，只要有需求和竞争，就会有利益相关方之间的博弈，于是利益相关者理论便走进了管理学研究者的视野。通俗地说，利益就是好处，与好处密切相关的是人们的需求。因此，利益又可以被界定为人们为了满足自己的生存和发展而产生的各种客观需求。人的需求是多方面的，因此利益也有多个维度。通常情况下，趋利避害是人的本能。因此，在某种意义上，人们争取的一切都与自己的利益有关。因此，追求利益成了人们奋斗的动力，也成了促进人类活动的动力。需要构成了人类利益的心理和生理基础，也可以说需要是利益的基础，利益是需要的社会形态。换言之，心理和生理需求被满足的过程就是利益产生的过程。在学区治理过程中，有许多利益相关者的博弈，如学区房的争夺、学校招生划片规则的制定等，都牵涉不同群体的利益，在很难满足各方的需求时，利益相关者在制定规则时就会进行激烈的博弈。

其次，马斯洛的需要层次理论告诉我们，人的需求从生理到心理具有多样性和层次性。现实中教育的利益相关者对教育的需求也是多元且有不同层级的，而且个体和群体的教育需求不是一成不变的。学区管理者需要善于发现个体的需求及其变化，只有这样才能保证自身的工作不陷于被动。教育需求体现的是人们在不同时期和不同的社会条件下对教育理想或目标的期望，而在教育理想与目标达成或者部分达成时，需求又会产生新的变化，这是非常普遍的现象（芦晓菲，2020）。

再次，在教育领域，利益的客体是教育，利益的中介是教育及其管理活动，利益的主体就是利益相关者。学区管理者要想满足学区教育利益相关者的诉求，就要通过各种教育及其管理活动，使学区提供的教育服务（也就是教育利益客体）满足教育主体（也就是利益相关者）的需求。因此，学区管理者或者学区组建者最先要明确的是，要实现学区善治，需要邀请或者囊括哪些利益相关者，以及这些利益相关者中哪些人可以进入管理层或者决策层，哪些人可以作为咨询者为决策提供信息。通常情况下，学区教育的利益相关者可以分为三个层面：一是教育系统内部的利益相关者，如学生、教师、校方、家长、教育行政管理者和学区管理者；二是政府中教育系统之外为教育供给和投入提供保障的组织机构乃至个人；三是社会相关人员，如社区居民和社会贤达等。要优化学区的管理制度，就要最大限度地满足各利益相关方的需求或者要求。

最后，学区管理者在制定和执行学区政策时，对利益相关者进行分类，要做到一事一分。学区的任何决策都会涉及各方利益，这时学区管理者要能够区分哪些是强利益相关方，哪些是弱利益相关方。通常情况下，要优先满足强利益相关方的教育需求，淡化弱利益相关方的教育需求。例如，在划分学校招生片区时，学生及其家长乃至学校为强利益相关方，而房地产商和政府非教育行政部门为弱利益相关方。学区在制定学校招生范围标准时，要优先满足强利益相关方的需求；在强利益相关方内部出现意见分歧时，要根据国家招生政策予以裁定。利益相关方的强弱因时因事而定，强与弱是不断转换的。例如，在为学区学校争取更多教师编制时，政府负责编制的部门就是强利益相关方。由此可见，识别利益相关者是应用利益相关者理论的第一要义。

第二章
学区化管理方法的国际比较

有了学校，便有了与之对应的学区。现代学校制度最早产生于欧洲，相应地，学区化管理最早也产生于欧洲。法国的学区化管理在全世界独树一帜，美国的学区化管理对于民主国家建设起到了积极的促进作用，日本的学区化管理具有法治国家的特色。“他山之石，可以攻玉”，为了顺利推进我国的学区化管理改革，本章选取美国、法国和日本三个典型国家，对其学区设置、入学制度、教师交流机制、督导制度和投入保障机制进行系统梳理，并在此基础上分析其学区化管理制度设计的成因与利弊，供我国的改革设计者学习、借鉴与反思，进而构建适用于我国的学区化管理制度。

第一节 学区设置方法

世界各国学区设置的方法各不相同，这与各国学区化管理发展的历史密切相关，同时也受到其行政管理方式的影响。

一、美国的学区设置方法

世界各国学区设置的方法多样，且随着教育的发展而不断丰富。通常而言，学区设置的方法包括学区设置的种类、规模、赋权、职责、决策、功能以及经费保障等方面。这些方法是保障学区存在的必需的制度规定和体制机制。

第一，美国的学区种类多样。首先，美国早期的学区可以分为普通学区和乡镇学区。后来，美国经历了学区合并与调整，于是又出现了“联合学区”。“联合学区”是由两个乡镇学区结合而成的，如俄亥俄州的联合中学区。学校教育得到大力发展后，又逐渐出现了县学区、市学区。这些学区的名称因其驻地毗邻县、市而得来。“统一学区”一般是指小学区和中学区合并而建立的学区。随着美国特许学校（charter school）①的兴起，又出现了特许学区（charter district）。特许学区是由特许学校或合同制学校组成的学区。特许学区的划定超越了地理边界和行政区划，它是从传统学区中将地理位置靠近的特许学校分列出来组成一个新学区，其目的是对

① 特许学校是美国特有的一种招生制度，是美国公立教育系统为满足学生的教育选择需求而开设的一种学校。美国特许学校不收学费，但接受与传统学校类似的公共资助，且在预算、人员配备、课程和其他运营方面拥有更大的自由，但是其必须承担与传统学校相同的学术责任，必须提供学术成果。同时，设立特许学校必须有充足的理由，最为主要的是来自社区改善教育的强烈需求。特许学校分为公立、私立和半自治三种。因此，对于普通民众和家庭困难者以及学困生而言，公立特许学校是入学的首选。自 1991 年明尼苏达州成立第一所特许学校以来，特许学校的数量持续增长。一些学校取得了很好的学术成果，但也有一些学校因为没有达到承诺的成果而关闭。

附近的特许学校进行统一管理。换言之，特许学校不是由其所在学区管辖，而是由一个新的管理实体——特许学区来统一管理。特许学区分为两种：一种是新建特许学区；另一种是转制特许学区。新建特许学区是由政府批准成立的，特许学区有监督学区内特许学校办学资格审核、签约等方面的权力和责任，同时负责制定学区内特许学校的经营规则。转制特许学区是指将传统学区内的公立学校全部转变为特许学校或合同制学校，使整个学区成为特许学区（冯大鸣，赵中建，2004）。其次，通常情况下，美国一个州内存在多种学区类型，如镇学区、小学学区、中学学区，另一个州会有县学区、市学区、独立学区或统一学区，也可能仅有一种学区，这些都属于基层学区。还有一种学区称为中间学区，其不具备地方公共团体的性质，不单独设立和管理学校，在州的监督下行使对基层学区进行监督和管理的职权，数量较少。最后，不同的州有不同的学区组建方式。比如，在夏威夷州，全州范围内仅有一个统一的学区体系，还有几个州的每个县都有自己的学区体系，其余的州虽然人口相对较少，但学区则多达 1000 个以上。这种不同主要缘于政治偏好而非出于提升效率的考虑（西奥多 · J. 科瓦尔斯基，2012）。

第二，美国学区拥有较为充分的教育权。首先，美国学区的性质、地位、结构与国家治理体系相一致。地方学区是政府公共教育组织体系的一个基本组成部分。美国的学区是美国管理教育最基层的政府组织。与欧洲各国重视私立教育的传统相比，美国则是重视公立教育。美国有着悠久的民主传统，学区作为美国管理公立学校最基层的行政组织，也被称为“学区政府”（郑德洛，2020）。美国的学区不仅有组织结构和正式名称，而且长期存在，具有很好的稳定性。在美国，教育的权力不在联邦，而在各州的教育委员会。学区是美国各州行使教育行政权力最基本的单位。州与学区各自拥有不同的教育管理权。州教育委员会负责制定本州的基本教育方针和政策，例如，制定本州的教育和教学标准以及评价标准等。学区则拥有相对独立的财政权、人事权、课程权，负责设立和管理地方公立中小学等。这是美国学区与政府其他教育行政部门相比在权限方面最大的不同之处，尤其是在财政和行政管理方面享有独立权。其次，美国学区或为法人实体，或为半法人实体。地方学区在各州的地位各不相同，比如，在印第安纳州，学区就是被赋予法律地位的学校团体。各州学区的法人地位不尽相同，因此各学区拥有的决策权也不完全一致，但是地方学区作为政府的分支机构之一，必须服从州立法机关的绝对权力。立法机关根据《宪法》行使权力，可以按照实际需要改变学区的管辖权、管辖范围和管辖区域，甚至可以撤销一个地方学区。州法律赋予公共教育的实际权力有限，所以学区往往不如地市政府或者区县政府有权威。作为法人实体，学区有诉讼的权利、签订合同的权利和获得、放弃财产的权利等。最后，美国学区是区域性的教育服务机构，在地理上有一定的辖区，一般以乡镇、市、县的行政区域划分，但往往是跨行政区域的。学区为所在地的适龄儿童提供公立教育，并以其独特的财政机制、督导机制、信息共享机制保证教育合理开展（王芳，2011）。

第三，美国学区的行政事务由学区委员会负责。学区委员会又称学区教育委员会，也称学区董事会。美国学区委员会由学区的全民选举产生，因此对全区的公众负责。学区委员会的独立性较强，负责决定各项教育政策及相关事务，而不必听命于乡镇、县、州以及联邦政府。学区委员会也具有较强的专业性，通常会聘用一名督学，其职责类似于经理，负责学区的日常行政事务（郑德洛，2020）。学区委员会的执行机构是学区教育局。学区教育局的负责人是教育局局长或学区督学。学区内各校的重大事项都由学区委员会决定，学区教育局负责执行。为了对选民负责，保障学区居民对学区教育事务的监督权，学区的管理机构（也就是学区委员会）通常认为有必要与所在社区保持良好的互动关系。美国的学区在产生之初，往往在地理位置上就是与社区叠加的，因此在美国历史上许多地方存在社区即学区的现象。虽然经过了学区合并与调整，但是学区保持与社区的紧密合作作为传统延续至今。学区委员会的主要任务是确立目标、聘用督学、积极维护学生，确保高水平和合适的教育标准得以实施并获得成功。学区教育局的职能可以概括为以下四个方面：一是制定地方教育政策与计划，设立与管理地方公立中小学；二是征收与募集地方教育经费，编制地方教育经费预算；三是甄选与任用地方教育人员，裁决教育纠纷；四是宣传报道教育消息，以使学区居民了解学区的教育状况（戴维· T. 康利，2005）。

第四，学区与学校的关系密切。首先，美国的学区除每所学校都有校长外，还有一名学区总监，或被称为学区督导、督学，也可以说是系列学校的总校长来负责协调所属学校的运作。其次，学区的校董事会负责各学校的运作。校董事会通过选举产生，每几年轮换一次。董事会成员的职责是反映公众对教育的意见和看法。学区董事会与学校董事会合作负责制定本学区的政策、教育目标、课程，并为学校执行学区决定指明方向，提供年度财政预算用于监督并维持学区的收支平衡，每月至少举行一次听证会，允许社会各界人士参与，对学区的重要教育事件进行讨论。最后，校长和教职人员的聘任等均由学区的校董事会和家长联合会共同决定。学区学校设有志愿者项目，吸收志愿服务于学校教育的人士，主要由大学生、实习生、家长组成，他们以义工或辅导教师的角色参与学校教育，为学生提供无偿服务（兰英，2012）。

二、法国的学区设置方法

法国的学区制与美国不同，从根本上而言，学区制是法国的教育行政体制。其最初设置是为了通过掌控教育来掌握人心。要了解法国的学区设置，首先要明确法国学区的概念。法国的教育自成体系，既与本国的行政体系保持一定的契合度，又相对独立。法国的学区管理方式通常被称为大学区制，即将全国疆域划分为几个教育大区进行管理，大区之下又设置了诸多学区。真正的学区化管理是在大区之下的学区内进行的，因此本部分的研究对象是法国大区之下的学区。法国的基础教育体制基本沿袭了拿破仑时代典型的教育行政体制，同时又把权力下放到各个学区，实现了中央集权与因地制宜的结合。

第一，法国大学区制对于学区的影响是深远的，学区划分也几经调整。在教育行政方面，改革仍然沿袭大区与学区相统一的思路，即每个大区仍设学区，称为“大区学区”。大区学区既可能是单一的学区，还可能包含多个学区。拿破仑时代，法国教育推行的是中央集权制，但是中央集权制在应对当今世界发展中的诸多变化时反应速度较慢，缺乏灵活性。20世纪80年代开始，法国政府以分权为核心，从多方面采取措施积极应对国家治理面临的困境。其中，最为核心的是推进地方分权管理改革。所谓地方分权，就是将权力从中央政府向地方政府、由上级政府向下级政府转移，转移后，其权力主体发生了改变。1982 年 3 月，法国以法律的形式将大区确定为一级地方领土单位，规定其享有与省、市镇相同的法人地位和权利，具有独立的公法人资格，从而使法国的地方行政建制由原先的“省-市镇”二级变为“大区-省-市镇”三级。2003 年 3 月，《法国宪法修正案》首次明确地将“法兰西为分权型共和国”作为一项基本原则写入宪法（上官莉娜，2012）。2015 年 1 月，法国政府颁布了《大区区划、大区和省选举以及更改选举日程法》，明确从 2016 年 1 月 1 日起将法国本土的 22 个大区合并为 13 个，以节约行政成本，提升大区的区域资源整合能力和政策执行效力。①

第二，法国学区实行学区长负责制，无论是大区还是大区下设置的学区都是如此。行政大区设学区长公署，学区长在本学区内对自幼儿教育至高等教育的整个教育的公共服务负有全责，并对有契约的私立教育行使监控权。目前，学区长通过任命产生，学区长根据部长理事会的提议由共和国总统令任命，代表教育部长在本学区内行使教育管理权。在包含几个学区的大区，任命其中的学区长为学区总长，负责协调本大区内各学区的相关事宜。法国学区长负责制有以下几个特点：一是学区长是教育部长的代表，行使管理地方教育的权力；二是学区长通常在具有较高学历的学者中选任，为法国高级别的官员；三是学区长与地方行政长官没有隶属关系，当涉及地方的教育及其他事务时，需要同并行的地方行政机构相互协调；四是学区长之下设秘书长主管学区的行政工作，各省教育局局长负责该省中小学的行政事务，各学科督学负责学校的相关教育教学事务。

第三，学区秘书长主管学区的行政工作。大区涉及一到多个省，大区涉及的每个省都设有国民教育局。各省教育局局长负责该省中小学的行政管理事务，各学科督学负责学校的教育教学事务。各大区的组织结构不尽相同，但基本上都设有学区长秘书处、总秘书处、办公室、教育局、大学事务处，以及人事处、考试处等部门（方友忠，马燕生，2015）。巴黎作为法国首都和国际大都市，具有悠久的文化历史，有诸多著名高等教育机构和高中，因此巴黎学区的学区长的地位更为特殊。自 1958

① 潘小娟. 法国国家治理改革及启示. http://govreform.cupl.edu.cn/info/1022/6384.htm[2021-06-04].

年开始，巴黎学区的学区长一直是由共和国总统亲自任命，并在具有博士学位和指导资格的人员中选任。实际上，巴黎学区的学区长是首席学区长，为法国学区长联席会荣誉主席，并在国家礼宾目录中被列为国民教育与高等教育系列中的最高级别官员。新任巴黎学区的学区长应先拜见法国总统、总理、议会议长等国家领导人。在公共典礼中，巴黎学区的学区长位列各部委秘书长和司局长之前。巴黎学区的学区长有时被称为"索邦学区长"，教育部长在筹划改革时总是先听取巴黎学区的学区长的建议。作为特例，1966 年，为了使巴黎学区的学区长在工作中可以得到更多的助力，政府特设置了副学区长一职以协助其工作。自 2012 年开始，巴黎学区设两个副学区长职位。

三、日本的学区设置方法

日本学区由都道府县委员会设立"通学区域"，也可称为"学区"，是教育委员会制定的学校招生范围。日本学区设置的方式如下。

第一，日本学区设置没有法定规定，其目的是防止任何一方，如家长、学校和市政当局随意指定学生入学的学校，以免家长认为入学制度不公平。

第二，学区的划分虽然没有法定标准，但是各市教育委员会在设定学区时通常要考虑以下几个方面：一是道路和河流的地理条件，当地社区形成的历史背景，以及每个地区的实际情况，例如，居民对自己所在社区归属的感受等。[①]市町村是日本最基层的地方公共团体，其上有都、道、府、县等地方公共团体。教育委员会确定的学区划分结果要由市町村核定，同时与都道府县协商沟通做出决议后，再授权委托给该学校管辖区域内的教育委员会管理。

第三，日本虽然有较为客观的学区划分，但是并不因此而否定民众的择校需求与择校权利，并形成了有自身特色的择校制度。日本文部科学省认为市教育委员会

① 文部科学省. よくわかる用語解説.http://www.mext.go.jp/a_menu/shotou/gakko-sentaku/06041014/002.htm[2021-06-04].

在指定学校时，可以事先听取家长对就读学校的意见，根据这些家长的意见，市教育委员会指定学校招生范围的情况被称为择校制度。[①]这意味着在择校时，日本会充分考虑家长的意见。

第二节 学区入学制度

学区入学制度是指学生进入学区内的学校就读时需要遵守的标准、规范和程序，与学校招生录取制度相对应。不同的是，前者是从学生角度来阐释这一制度设计，后者是以学校为主体明确规定相应的要求，两者并不矛盾，只是视角不同而已。虽然世界各国学区管理的学校层级和类型并不相同，但对学区内义务教育阶段学校招生、学生入学制度的设计都是管理的重中之重，也是我国探索学区化管理的起因，因此有必要在国别视角下对此项制度进行系统分析。

一、美国的学区入学制度

美国的学区既是教育行政单位，又是就学的区域单位。其最初产生于英属殖民地时期，经过多年演变，已经能够通过独特的机构设置和职能划分，以及财政保障机制、督导机制、信息沟通机制，实现美国学区内各级各类学校的资源共享和教育目标的全面落实。

美国施行免费义务教育，遵循就近入学的原则。首先，虽然美国各州学区划分

① 文部科学省. よくわかる用語解説.http://www.mext.go.jp/a_menu/shotou/gakko-sentaku/06041014/002.htm[2021-06-04].

的标准不尽相同，但是有一个特点，就是各州学区与社区的重合度都比较高。这意味着学区内公立学校对学区内学生免费开放，只要符合招生条件的学生均可以免费入学。其次，美国学区内的学校招生特别强调非歧视性原则，也就是要求做到应招尽招，不得歧视任何一个学生。美国是一个多种族国家，学区是否严格执行反歧视的招生规则备受关注。再次，美国学区为域内有特殊需求的儿童提供免费义务教育，这使得残障儿童拥有了平等的受教育权利。最后，美国公立学校比较容易获得地方民众的支持，因为美国教育向来就有地方自治的传统，因此学区作为地方自治传统的教育组织具有广泛的社会基础。人们在思想、感情上都特别容易接受学区学校，把它们称为“地方学校”“自己的学校”，其方便学生就近入学，让家长更加放心。学区在招生方面对域内的学生大开方便之门，这为学区学校获得当地的各项支持，特别是税收支持奠定了基础（迪安·韦布，2010）。

在义务教育阶段就近免费入学政策的指导下，美国适当地开放了择校空间。美国学区免费的义务教育并没有得到所有人的欣赏，原因主要有三点：一是种族之间在法律上消除了歧视，但是民众在内心深处仍然认为黑人和移民聚集的学校的教育质量及校园环境不值得信任，于是许多较为富裕的白人家庭在发现社区内有色人种和移民增多时，往往会选择“逃离”社区，这对学区办学的影响是负面的，生源流失和质量下降困扰着许多社区及学区学校；二是美国政府和民众对一些学区办学质量低下、效率不高的状况很不满意，要求政府放开择校权，保障学生能够得到充分的发展；三是美国一些家庭希望子女接受更高质量的义务教育，在这种情况下，其也会选择到口碑更好的私立学校就读。

为了满足民众多样化的教育需求，美国联邦政府和州政府不断在义务教育免费就近入学政策之外兴办替代性学校。“所谓替代性学校泛指在传统公立学校系统之外的一种替代性教育机构，其办学理念、管理模式、课程结构、教学方式等有别于传统学校，所以有时候又译作非传统学校。”（徐中仁，2014）在美国，替代性学校的名号五花八门、种类繁多，它们为学校选择项目的蓬勃开展奠定了基础。由于得到政府的支持，许多替代性学校并非私立的，如磁石学校（Magnet school）和特许学校。

首先，应对“白人飞走”，兴建磁石学校。20 世纪 60 年代，美国教育平权运动使得美国的许多州和学区在法律层面取消了种族限制。司法公正促进了美国的教育公平，在很大程度上使黑人和有色人种享有了平等入学的资格，但其结果是“白人飞走”，即一些白人家庭迁往城郊，他们的孩子也纷纷转入私立学校或教会学校，学区学校的生源和税收大幅度下降，这显然是不利的。美国联邦政府意识到，要建立一种可以留住白人的学校校长机制。在这种背景下，磁石学校诞生了。1976—1981 年，磁石学校作为反种族隔离的重要工具迅速发展起来（徐中仁，2014）。1968 年创办的华盛顿州塔科马的麦卡夫（McCarver）小学是第一所以消除种族隔离为宗旨的磁石小学。磁石学校主要有以下特点：一是磁石学校主要分布在大城市学区，特别是少数种族集中的学区；二是磁石学校采取自愿入学的方式，而非传统公立学校那样按就近原则入学；三是磁石学校在就学方面以不同主题组织课程，包括强调学术性的课程、职业课程、探索性课程、艺术和天才方案等；四是磁石学校在管理上给予教师较大的自由，使其能根据学生的特殊需要和兴趣开发出新的有特色的课程（季苹，2002）。磁石学校为有色人种进入大城市就读大开方便之门。

其次，为了满足弱势群体接受良好教育的需求，兴办特许学校。美国国家公立特许学校联盟（National Alliance for Public Charter Schools，NAPCS）对特许学校的界定是：“特许学校是对所有学生开放的公立免学费学校。特许学校通常独立于传统学区运营，向有自主权的教师提供高质量的指导，以设计满足学生需求的教室。它们由充满活力的校长领导，灵活地创建一种学校文化，来提升学生的成就和提高家长的满意度。”[①]20 世纪 90 年代初，明尼苏达州颁布了美国第一部《特许学校法》。随后，各州纷纷出台了本州的《特许学校法》。《特许学校法》开启了美国的“公校私营”运动，同时也开启了美国集团化办学的航程。“公校私营”的政策为美国特许学校的发展开辟了道路。各种营利性和非营利性机构依据这项法律规定获得了完全管理和运营特许学校的资格（郭元婕，2020）。特许学校以及教育券的使用开启了“学校选择制度”，使教育公平和社会公正的内涵在实践中更加丰富。

最后，替代性学校的种类有很多，但是它们的共同特点就是，与传统公立教育强调统一不同，其更灵活，更容易对变化和需求做出回应，其发展也极具个性化；

---

① National Alliance for Public Charter Schools. Anout charter schools. http://www.publiccharters.org/about-charter-schools [2021-06-08].

注重营造家庭式的相互关心的文化氛围，强调合作胜过竞争；注意教育过程中对社区生活的关注和参与，使学生和员工能真实感受到他们是在创造自己的学习实践和生活；着重社区与家庭对学校教育的支持和参与，注重提升学生的学业成就；等等。

二、法国的学区入学制度

第一，法国学校分区的基本原则是就近入学。早在 1963 年，法国政府就颁布法令规定了中小学学生就近入学的原则，所有义务教育阶段的学生（6～16 岁）如果选择公立学校，都应服从家庭所在市区政府和教育部门的分配就近入学。根据 2004 年 8 月 13 日的法令，公立初中就近入学的学区划分由省级议会负责，而小学就近入学的学区工作则由市镇级议会负责（安延，2006），这一传统保留至今。法国的学区通过不同的行政级别管理各级学校，其中小学（包括学前教育）由县市负责管理，初中由省负责管理，高中（包括职业高中）由大区负责管理（李俊凯，2014）。法国的小学一般是五年制，五个年级分别是第一年（6 岁）为小学预备班，第二年（7 岁）为基础一年班，第三年（8 岁）为基础二年班，第四年（9 岁）为中级一年班，第五年（10 岁）为中级二年班。法国的初中为四年制，一般从 11 岁开始到 14 岁或 15 岁结束，分别是第一年为六年班（中学预备班），相当于我国的小学六年级，第二年为五年班，相当于我国的初中一年级，第三年为四年班，相当于我国的初中二年级，第四年为三年班，相当于我国的初中三年级（李俊凯，2014）。

第二，入学基本条件明确。在学校招生之前，家长会得到学校招生范围划定情况及学生被分配学校的有关信息。当家长准备让儿童入学时，需要先在市镇政府注册，并出示以下证件：一是户籍证、身份证或出生证；二是居住证明；三是儿童疫苗接种记录。家长到市镇政府规定的学校注册时，须提供以下证明：一是市镇政府签发的学校注册许可证；二是户籍证、身份证或出生证；三是儿童疫苗接种记录。然而，注册初中基本上无须家长参与操作过程，可以自动将学生学籍由小学转移至对口初中。在小学毕业之前，每个学生都会收到有关初中注册的申请资料，学生及其家长可以在教师的帮助下选择合适的就读模式（住宿、午餐、走读）和第一外语的语种。当被告知接收其子女的学校时，家长便可以到该校为其子女正式注册了。

第三，法国在将就近入学作为义务教育阶段基本入学制度的同时，也在逐步探索择校制度。在法国，以下几种情况有择校空间：一是通常情况下，随父母异地就读是允许择校的，但是要有相应的居住证明作为凭证。为了能够获得择校的机会，有的家长让自己的孩子住在亲戚朋友家，更有甚者租下高档学区的小阁楼，然后拿水电煤气缴费单或电话缴费单作为居住证明，为子女办理入学登记。据《费加罗报》的报道，巴黎市中心一间 12 平方米的阁楼成了五个中学生的名义“住处”，因为最先租下该阁楼的学生父母向其他家长提议合租，并获得四位家长的回应，共同分租这间阁楼，而这一切都是为了孩子的就学着想（安延，2006）。二是在证明就近入学的学校无法满足必要的教育需求时，可以择校。为了能让子女进入市中心的优质学校就读，许多家长以某学校没有开设子女希望学习的专业（如某门外语）为由，申请调换学校。法国教育部[①]2006 年公布的一项调查结果显示，对法国初中学生就学三年的跟踪调查结果表明，约 15%的学生跨区就读，20%～25%的学生在私立学校注册，在巴黎地区就读的学生达 34%（安延，2006）。

三、日本的学区入学制度

可以说，日本的学区化管理与日本的招生入学制度密切相关。日本在学区划分之外设立了择校制度，即日本实施的是“通学区域制度弹性化”。这使得日本的学区化管理更加多元化：一是有废除学区制度的地区；二是有实施全县一个学区制度的地区；三是有采取维持学区制度的地区。

---

① 法国教育部是法国教育、青年和体育部的简称。

日本义务教育阶段入学实行"通学区域制度弹性化"，即日本在推行学区入学制的同时，正在逐步放开择校。首先，日本推行的是就近入学的学区制，即"市立小学、初中有 2 所以上时，由市教育委员会根据学校教育法的规定指定就读的小学或初中等。执行条例时，市教育委员会通常会预先为每所学校划定一个学区，并以此为基础指定招生学校"①。其次，日本在实施学区制的同时，也在推行择校制，即逐步放开择校的权限。这一过程可以分为以下三个阶段。

第一阶段：1984—1996 年，为择校制度提出阶段。由于日本许多家庭不满足于公立学校教育的一致教育而提出择校要求，1984 年 8 月，作为首相咨询机构的临时教育审议会（以下简称审议会）成立，负责解决教育自由化的问题。审议会在关于教育改革的报告中特别指出，现行学区制度的目的是保障义务教育阶段学校规模适当和教育内容合理，以此来实现教育机会均等，并提高教育质量。然而，对于就学预定者应该就学的学校而言，实际上这只是机械、僵硬的规定，缺乏对选择权的考虑，造成了学校教育的统一、僵化与封闭，妨碍了儿童自主精神、个性的发展。为了增加选择学校的机会，审议会提出应在调整扩大招生区域限定范围、指定学校数量、进一步弹性运用区域外就学政策和事先听取家长意见等多方面进行改革。②

第二阶段：1997—2001 年，为择校制度导入阶段。1996 年 12 月，行政改革委员会在《关于规制缓和推进的意见（第二次）》中明确提出学校选择弹性化。根据其意见，1997 年 1 月，文部省面向全国的市町村教育委员会发布了《关于学区制度的弹性运用》，强调促进学区制度的弹性化运用。为了推行弹性学制，这一阶段日本政府采取了两项措施：一是"指定学校变更制度"的弹性化运用，即指定学校原则上是不可变更的，只有学生、家长在有不得已的理由时，教育委员会才可以根据其申请变更指定学校，如因校园霸凌、学生身体状况、父母工作地变更、住所搬迁等原因需要在教育上特别考虑的情况，家长可以向教育委员会提出变更申请；二

① 文部科学省. 通学区域制度の弹力的運用について（通知）. http://www.mext.go.jp/a_menu/shotou/gakko-sentaku/08062504/1290764.htm[2021-06-08].

② 文部科学省. 通学区域制度の弹力的運用について（通知）. http://www.mext.go.jp/a_menu/shotou/gakko-sentaku/08062504/1290764.htm[2021-06-08].

是择校制度的导入。2001 年 12 月，日本政府的顾问机构综合规制改革会议（又称规制改革会议）发布的《关于规制改革推进的第一次报告》指出："根据家长和儿童、学生的意愿，从适当促进学校选择这一观点出发，应明确的是，要根据各教育委员会给出的判断来确定导入择校制度。另外，导入择校的制度设计使得市町村当局能够自主决定域内采取何种择校制度，也应制定学校变更的相关条件和手续。"[①]导入择校制度使得市町村当局能够自主设计域内的弹性择校制度，是地方教育自治的标志性改革。

第三阶段：2002 年至今，为择校制度发展阶段。这一阶段，在地方政府的主导下择校制不断推行。2002 年 3 月，小泉纯一郎政权内阁会议制定了《规制改革推进三年计划（修订）》，提出重新审视相关法令，对《学校教育法施行规则》的部分内容进行修订，明确了学校变更的相关条件。2003 年 3 月，文部科学省发布了《关于部分修订学校教育法施行规则的省令》，择校制度开始在全国范围内推广。2005 年 6 月，《关于经济财政运营和结构改革的基本方针（2005）》提出，"在全国范围内普及择校制度"[②]。

日本入学制度呈现出多元化趋势，按照学校录取学生的方式主要可以分为三种，即单独选拔、联合选拔与评判选拔。

首先，单独选拔是指以学校为单位单独招生。《学校教育法施行令》第五条第二款规定："市町村内设置两所以上小学（初中）的情况下，市町村教育委员会需在就学日期的通知中指定就学预定者应该就学的小学（初中）。"（赵硕，高慧珠，2021）

其次，联合选拔是指以学校群为单位联合招生，考生依顺位提出志愿。"依顺位"就是指根据入学标准，各所学校会排出学生入学的先后顺序，通常是先录取本学区的学生，然后再考虑邻近学区学生的入学诉求。无论是单独选拔还是联合选拔，都会尊重家长的意见。为了方便地方教育行政部门应对家长的择校需求，文部科学省还特别就择校情况进行了分类，以便进行操作。文部科学省将择校制度分为

---

① 内閣府. 規制改革の推進に関する第 1 次答申. http://www8.cao.go.jp/kisei/siryo/011211/[2021-06-08].

② 内閣府. 経済財政運営と構造改革に関する基本方針 2005 について. http://www5.cao.go.jp/keizai-shimon/cabinet/2005/0621kakugikettei.pdf [2021-06-08].

5 种类型，详情见表 2-1。地方教育行政部门根据不同入学情况，给予不同对待。

表 2-1　日本义务教育阶段中小学择校制度的类型

项目	内容
自由选择制	可以在该市（东京都为区或下辖市）町村内的所有学校中选择希望就学的学校
街区选择制	将市町村划分为街区，在街区内选择希望就学的学校
邻接区域选择制	保留原来的学区，在邻接区域内选择希望就学的学校
特殊学校选择制	保留原来的学区，对于特定的学校，无论哪个学区，来自该市町村内任何地方的学生都可以就学
特定地域选择制	保留原来的学区，认可特定地域内的居民从其他地域选择学校

资料来源：文部科学省.よくわかる用語解説. http://www.mext.go.jp/a_menu/shotou/gakko-sentaku/06041014 / 002.htm[2021-06-04]

虽然如此，在日本，如果想转学或者跨学区就学，还是要走固定审批程序的。《学校教育执法条例》第八条关于“学校出勤率的变化”部分的规定指出，学校和区外学校的变更要符合以下程序：“如果市教育委员会指定的学校与家长的意愿或孩子的情况不符，经监护人的要求，市教育委员会认为合适，可以改变就读学校，则将其送至本市的另一所学校。”[①]根据《学校教育执法条例》第三十二条第二款的规定，“市教育委员会应该在指定就学通知中表明该监护人可以提出申请”[②]，也就是说家长要有“允许变革学校”的平等知情权，而非某个人的特权。

最后，评判选拔是指对学区内学生的学力和通学距离统一评估后，根据评估结果来划分学区，然后把确定招生的范围传达给各所学校（赵硕，高慧珠，2021）。这种方式限制了学生选择学校的自由，因此遭到普遍反对，目前大多数地区已经予以废止。

日本推行“通学区域制度弹性化”后，对义务教育阶段学生入学便实行“两条腿走路”，即学区制和择校制并行。随着“通学区域制度弹性化”的推行，民众择

① 文部科学省.よくわかる用語解説. http://www.mext.go.jp/a_menu/shotou/gakko-sentaku/06041014/002.htm[2021-06-04].

② 文部科学省.よくわかる用語解説. http://www.mext.go.jp/a_menu/shotou/gakko-sentaku/06041014/002.htm[2021-06-04].

校的空间变得越来越大，意愿也更加强烈。有学者统计，“从 2019 年 4 月 1 日开始，在东京都 23 区中，12 个区的公立小学、17 个区的公立初中已实施择校制度”（赵硕，高慧珠，2021）。所谓“两条腿走路”，即学生、家长原则上只能申请一所志愿学校，但是学生入学的方式有两种：一是选择志愿学校，即申请到学区内的指定学校就读；二是择校，即申请到指定学校以外的学校就读。在学生提交的申请被认可的情况下，如果志愿学校的学生人数未达到定员上限，学生可以进入志愿学校就读，如果志愿学校的学生人数超过了定员上限，需要进行公开摇号。公开摇号前，学校要通知提交申请的所有家庭。公开摇号决定了所有申请人的优先顺序，根据摇号结果，抽中的学生可以进入志愿学校就读；未抽中的学生有候补再选的机会，补上的学生可以进入志愿学校就读，未补上的学生回到学区内的指定学校就读，详细流程见图 2-1。

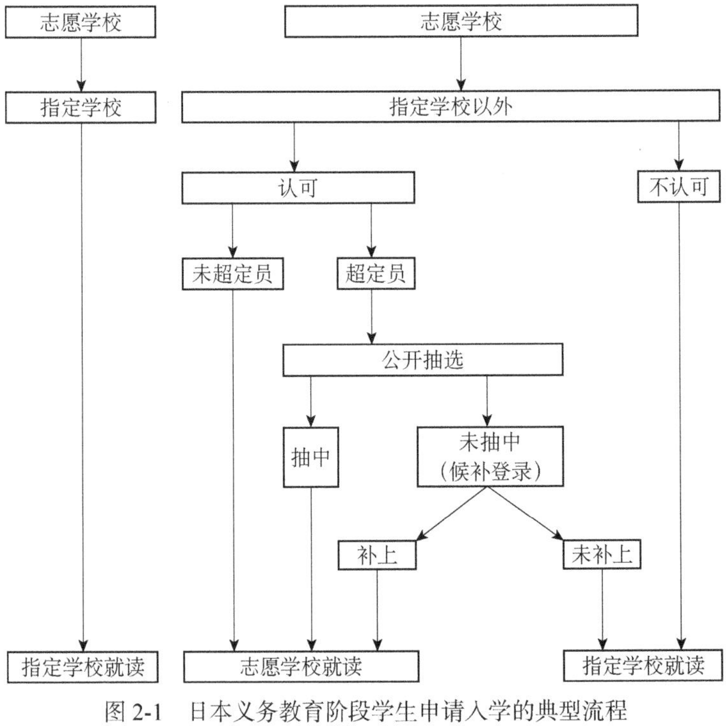

图 2-1　日本义务教育阶段学生申请入学的典型流程

资料来源：赵硕，高慧珠. 2021. 日本义务教育阶段公立学校择校制度的发展及启示. 教育科学研究，(3): 65-71

第三节　学区内教师流动机制

在学区化管理改革中，教师流动机制的科学性决定了是否能够通过机制建设实现优质师资共享和增值。在学区化管理较为完善的美国、法国和日本，教师流动各具特色，其努力留住优秀教师以改善薄弱学校师资状况的政策，值得我们探究和学习。教师流动通常有两层含义：一是指教师在系统内转换工作岗位；二是教师在教育系统与其他系统中的流动。本节重点关注的是教育系统内教师的岗位变化，同时也关注教师跨系统的职业转换，即“教师流动是指作为专任教师，通过改变任职学校、工作岗位等因素，在其他行业、其他学段的学校、跨区域的其他学校、同一学校的不同岗位进行再就业的过程”（钱一仙，2017）。

一、美国的学区内教师流动机制

美国学区教师的流动分为三个方向：一是在学区内不同学校间流动；二是从学区内流出；三是从学区外流入。美国各学区都面临着如何留住优秀教师的问题，因为美国各学区教师的收入并不尽如人意。美国薄弱学校在学区能够获得的教育资源相对有限，而且师资水平低劣，毕竟师资是决定教育教学质量的关键因素。有调查表明，2017 年，全美 24%的学校为高贫困学校，这些学校生源差、师资力量弱，且分散在美国的城市、郊区和农村（李娜，2019）。2015—2016 学年，全美 98 706 所公立中小学中，农村学校达 27 264 所，占比 27.6%；全美 13 491 个学区中有 7156 个是农村学区（李娜，2019）。因此，如何调动优秀教师的积极性，使其流向农村学区和薄弱学校，是美国各级政府包括学区关注的一个重要问题。美国有学者研究发现，工资是决定教师去留的决定性因素，增加 10%的薪水相应地可以减少 4%～10%教师的流失（Wheeler，Glennie，2007）。联邦政府通过财政拨款提高教师的收入，实施薪酬激励以减少农村教师的流失。

第一，美国通过采取提高教师收益的方式促进学区内优秀教师向薄弱学校流动。首先，美国推行“人才流动激励计划”（talent transfer incentive，TTI），这是一项通过提高薪酬鼓励优秀教师向薄弱学校流动的国家计划。TTI 采用了先试点后铺开的策略。2008 年，“崛起计划”（project rise）先选择在一个学区进行试点，其效果得到普遍认可后，于 2009 年正式更名为“人才流动激励计划”，并将策略实施范围扩大到了 5 个州中的 6 个学区，2010 年将实施范围扩大到 10 个学区。TTI 通过为薄弱学校提供聘任和留住高素质教师专项经费的方式来帮助其提高师资水平。通常的操作方式如下：学区选出域内中小学表现较好的教师，如果其愿意到薄弱学校任教，就对其进行货币奖励，以此提高薄弱学校的师资水平，进而达到提高学生成绩的目的。实践证明，这一措施有效地促进了学区内优秀教师向薄弱学校的流动。其次，美国相继推出了教师激励基金（teacher incentive fund，TIF）项目、教师和学校领导者激励计划（teacher and school leader incentive program，TSLIP）。TIF 于 2006—2016 年实施，TSLIP 于 2015 年 12 月实施。TIF 是一项基于绩效的薪酬体系，是为薄弱学校的高素质教师提供差异化奖金，以激励教师提高自身的教学水平，进而完善薄弱学校的师资。2015 年 12 月，美国颁布的《让每个学生成功法案》（*Every Student Succeeds Act*，ESSA）取代了已经实行多年的《不让一个孩子掉队法案》（*No Child Left Behind Act*，NCLB），此后 TIF 更名为 TSLIP。TSLIP 旨在协助各州、地方教育机构和非营利教育组织改进绩效薪酬体系和完善人力资本全员管理系统，以此提升薄弱学校的教师队伍素质和学校领导者的管理水平，从而有效提高学生的学业成绩。TTI 和 TIF 实施的法律依据是 NCLB，该法案的特点就是强调教育的绩效责任制。TSLIP 实施的法律依据是 ESSA（李娜，2019）。

第二，为了促进教师流动，美国各州之间积极建立教师资格证书互认制度。美国很多州以全国教师教育机构鉴定委员会（National Council for Accreditation of Teacher Education，NCATE）的相关认证为标准，承认其他州的教师执照的有效性。这样的制度方便教师在州际流动，消除了因各州认证标准不同而带来的职业壁垒。

第三，建立高质量的教师专业标准，严把入口关。首先，美国许多州的学区教师聘任权和用人权相分离，即具有聘任教师决策权的主体很可能是学区教育委员会或者地方教育行政部门，而提出用人需求的通常是学校。“地方教育董事会或委员会要融合学生、家长、教务长和校长的意见，使得聘任和解聘的程序都很正规。美国教师流动是按照市场供需机制来调节的。”（钱一仙，2017）在美国，教师流动完全根据个人意愿，不受政府强制，当候选人面试通过时，就可以与学区签订合同，合同中规定了相应的要求。签订合同后，候选人就可以被派到相应的学区。学区教育委员会通常掌握所需要教师的数量与类别，拥有教师聘任的权力。其次，州教师资格鉴定机构和教师聘任机构各司其职，即美国州教育委员会和学区教育委员会的分工明确，州教育委员会依据州制定的法律决定获得教师资格的标准，提供教师聘任相关的法律依据，而学区教育委员会则负责按照州的规范实行教师聘任制度。总之，无论是标准的制定还是聘任的程序，都必须依法而行，不得随意执行，尤其是不能有种族歧视和侵犯他人隐私的情况发生（郭士亭，2017）。最后，校长拥有决策权，即虽然聘任权在学区教育委员会，但是校长可以通过参与招聘过程而参与决策。学区教育委员会召集的面试委员会通常由校长、学科教师、家长等人员组成，校长对候选人的意见很受重视，在很大程度上会影响聘任结果。例如，有学者曾经研究过伊利诺伊州的教师聘任，发现在聘任教师时，校长的权重系数高达 58%（Kersten，2008）。教师通过学校获得从事教育的机会和工作岗位，对教师的其他管理则均由学区来负责，如规定教师的聘任资格、年限、薪水和福利等。由此可见，美国的教师聘任权力虽然分散，但是管理系统比较完备。在美国聘任合同中，中小学教师的法定身份为公务雇员，即教师与政府在行政上属于隶属关系，教师享受公务员权益，同时教师在劳动市场被聘任，学区与教师之间签订聘任合同，规定聘任期限和双方的权利与义务，双方形成雇佣关系（亓俊国，2004）。

为了能够吸引更多的优秀人员参加招聘，学区通常在事前便积极宣传：第一，设计招聘广告，并发布在学区网站上，候选人可以根据网站上的招聘信息了解应聘要求和学区的价值观及未来的发展计划等。第二，学区组织并鼓励候选人在应聘前参观学校，以便其更加了解学校，熟悉学校的文化和各种规章制度，从而可以更好地判断自己是否喜欢及适合这所学校，这会降低教师的流动率。不仅如此，学区还会在聘任会上提供学区相关资料，如包含学区地图、教育理念和学校特点的材料袋，让候选人充分了解来本学区工作的益处。概括之，学区聘任教师的基本程序如下：一是撰写工作说明书。二是设定聘任教师的岗位标准。三是撰写空缺岗位通知并发布聘任广告。四是收集、整理申请人的文件。五是组织面试候选人及核查推荐信和各种证书，找到适合自己学区的最佳人选。候选人应该提交学区审核所需的毕业证、教师资格证、成绩单、健康证明及推荐信等材料，通过笔试和面试者会收到该学区发出的工作邀请。六是签订聘任合同。合同中会对聘者与用人单位的权利和义务做出规定（陈琼，2010）。因此，无论是签订聘任合同的教师还是学区，当教师与学校出现争议时，双方都可以从合同内容中找到具体的法律依据。

二、法国的学区内教师流动机制

为了促进教师在各学区合理分配，法国制定了“教师统一分配政策”。首先，法国中小学教师属于国家公务员，由法国国民教育部[①]实行严格、统一的管理，故必须服从工作岗位分配，参与流动是法国中小学教师的一项法定义务（王昌善，贺青梅，2015）。其次，法国教育相关法律规定要均衡配置师资。1989 年 7 月，法国出台的《教育方向指导法》第二十一条规定：“在教师配额上应制定一项减少各学区之间和各省之间不平等的政策，以解决就学率有差距的问题，并改进各级学校中的师生比率。”（瞿葆奎，1994）根据该法律要求，法国国民教育部每年会根据全国义务教育发展的现状和适龄儿童人数变化的情况，对全国中小学教师的需求做出预测，以此来确定教师的编制数和各学区教师的分配指标。这种按照学区由教育部门统一筹划的教师分配与流动，实现了师生比例的合理化以及不同地区、不同省份之间师资配备的均衡化（孔凡琴，邓涛，2007）。最后，法国师资配置向“优先教

① 即现在的法国教育部，不同历史时期的称谓不同。

育区”倾斜。20 世纪 70—80 年代，为了解决处境不利社区的学校在教学条件、师资质量和教师待遇等方面的现实问题，法国政府于 1981 年出台了“优先教育区”政策，对处境不利社区的学校给予扶持。在这项政策中，关于师资配置的内容主要有三方面的规定：一是对“优先教育区”的师资配置给予特别支持，要求为其配置高质量的、合适的教师队伍；二是增加“优先教育区”的教师数量，以便加强对处境不利儿童和学习困难儿童进行个别辅导；三是提高“优先教育区”任教教师的工资待遇，政府对“优先教育区”内的教师给予特别津贴（王昌善，贺青梅，2015）。该政策很好地吸引了教师资源流向“优先教育区”，对改善薄弱学校和弱势地区的教育状况大有裨益。此外，该政策还规定从 1994 年 1 月起，凡初次以公务员身份被分配到难以招聘到师资的地区任教的教师，每年可以享受到 12 594 法郎的补贴，时间为 3 年（曹成刚，2004）。

另外，法国统一中小学教师培养规格和工资标准，为教师的大范围流动创造条件。1991 年以前，法国中小学教师的培养机构、培养规格和工资标准并不统一，这极大地限制了教师的流动范围。《教育方向指导法》出台后，规范了教师培养机构的分工，即中小学教师培养与培训均由大学师范学院负责（陈永明，1999），随后又规定中小学教师实行单一工资制，代替了原来中小学教师分别属于不同级别公务员的制度（孔凡琴，邓涛，2007）。客观评价，统一的中小学教师培养规格和工资标准为法国中小学教师在基础教育领域不同层次的学校间灵活流动提供了方便。

三、日本的学区内教师流动机制

日本教师流动采取的是“轮岗制”，这与日本教师的身份定位是公务员密切相关。20 世纪 50—60 年代，日本先后颁布的《关于地方教育行政组织及营运法律》《教育公务员特例法》《偏僻地区教育振兴法》《教师资格鉴定合格证书》等一系列教育法律和政策，都从不同侧面、不同程度上为实施教师“定期流动制”提供了支持（孔凡琴，邓涛，2007）。1949 年，日本颁布了《教育公务员特例法》，将公立幼儿园到大学的园长、校长、教师、教育委员会的教育长的身份统一为“教育公务员”，建立了独立的教育公务员制度（蔡永红，肖艺芳，2011）。该法律规定，教育公务员的待遇要优于一般公务员，以确保优秀人才进入教师行业。日本教育公务员制度在选拔、任命、工作评定、晋级、轮岗等制度方面有公务员体制固有的特点，其中“轮岗制”也是作为公务人员的教师必须履行的职责。通常而言，普通教师的轮岗目的包括两方面：一是补充和支援岛屿、偏僻地区的教育和特殊教育，确保这些地区的教师结构合理、素质达标；二是丰富教师的阅历、开发教师潜能，培养优秀的师资团队。

首先，各都道府县制定了不同岗位定期轮换的细则。日本参与轮岗的教师如下：一是校长、教头等管理岗位，这些岗位需要定期轮换；二是普通教职员岗位，由教育委员会制定轮换规则。

其次，各都、道、府、县制定的轮岗制度不尽相同，但是教师定期流动政策的主要内容是一致的，如人事调动及审批权限、基本原则及年限的规定、流向偏僻地区学校的有关津贴标准等（汪丞，方彤，2005）。通常情况下，区、市、村镇级学校全部被纳入普通教师流动范围。

最后，教师调动的标准由地方教育委员会制定。例如，东京都教育委员会规定：一是在现任校连续工作 3 年以上者为调动对象；二是在现任校连续工作 6 年以上者原则上必须调动；三是需要裁员时必须调动；四是在现任校工作未满 3 年者，根据校长及市町村教育委员会的申报，由东京都教育委员会确认后，可成为调动对象；五是停职、临产、产后不满 6 个月，以及病假复职不满 6 个月者原则上不作为调动对象；六是在现任校连续工作满 6 年者，根据校长和市町村教育委员会的内部申报，由东京都教育委员会确认有必要留下来继续为本校工作者，可以不调动（蔡永红，肖艺芳，2011）。东京都对教师轮岗的规定如下：一是参考教师通勤时间以 60～90 分钟为标准，2 小时为最大限，将全东京都划分为 12 级地区；二是教师在获得 5 所不同学校工作经验之前，必须在 3 个不同级别的地区调动，并且在每所学校必须工作 3 年以上；三是成为教师后的第一次调动，应调至偏远岛屿、偏僻地区；四是在身心残障班、养护学校、初中夜校等工作 3 年以上者，可默认为在任何级别的地区工作过（蔡永红，肖艺芳，2011）。至于校长的流动，据统计，多数日本中小学校长一般 3～5 年就要换一所学校，每一名校长从上任到退休，一般要流动两次以上（汪丞，方彤，2005）。

日本教师的定期流动，从地域看可分为两种情况：一是在同一市、街区、村之间流动；二是跨县一级，相当于我国省一级，在行政区域之间流动。虽然要求轮岗，但日本教师流动的地域还是以就近为主。同时，有特殊情况，教师可以提出申请，要求暂缓流动和轮岗。从流动的学校种类来看，教师既可以在同级同类学校之间流动，如从小学流向小学，从高中流向高中等，也可以在不同种类学校之间流动。

日本在职教师轮岗有较为固定的程序，具体如下：一是先由国家制定教师定期流动的相关政策、法规，强调教师流动的义务性；二是各地根据本地实际情况确定流动者的具体条件，包括工作年限、业务水平、身体健康程度等；三是日本的县一级（相当于我国省一级）教育行政部门发布教师定期流动的实施细则，内容包括地区的指定、有关原则、要求和待遇等；四是全体教师填写一份调查表，主要包含本人流动意向等内容；五是由校长在充分尊重教师本人意愿的基础上决定交流人选，并报上一级教育行政主管部门审核；六是教师轮换到新学校上岗任职（汪丞，方彤，2005）。

日本在“轮岗制”的基础上实行“特殊津贴制”，即在实施“同级同工同酬”政策的基础上，提高流入偏僻地区、薄弱学校教师的待遇。《偏僻地区教育振兴法》规定，“偏僻地区津贴”的月津贴额占本人月工资和月扶养津贴总额的 25%以内（吴晓蓉，2009）。此外，还有其他形式的特殊津贴，如“单身赴任津贴”等（付淑琼，高旭柳，2015）。

日本从校长到教师的轮换制已经实行 70 多年，既保证了各中小学教学管理与教学水平的均衡，又有利于各校交流办学经验。更为难得的是，它为其他国家树立了尊师重教的典范，将对教师的尊重落实到保护教师权益的实际行动中，让教师这一职业变得更具有吸引力，让教师具有职业荣誉感，这是非常值得肯定和学习的。公立中小学教学质量优良，又给国民提供了平等的受教育机会，所以在日本一般不存在择校问题。这为世界各国从根本上解决“择校热”提供了榜样，同时也为我们改善薄弱学校的状况提供了范例。

第四节　学区督导制度

督导制度是监督学区教育按照既定的方向发展的保障机制。这种机制无论是对中央集权制度还是对教育分权制度下的学区化管理都十分重要，是学区管理不可或缺的重要内容。

一、美国的学区督导制度

美国实行的是联邦、州和学区三级教育督导制，其中对于学区的督导是重中之重。

第一，美国实行的是地方分权制，因此美国的教育权力在州，而不在国家政府层面。美国也没有全国统一的教育督导制度和督导机构，国家、州和学区三个级别的督导机构之间相互独立，各级别督学履行各自的职责，并不相互介入、干涉（章虹，2018）。虽然美国教育部没有设置专门的督导机构，但是国家对学区层面的教育影响仍然是存在的。这种影响的传递主要是通过提出项目资助的方式进行的，州在其中扮演着传递者的角色，即联邦通过向州提供联邦主办的特别教育项目的部分或全部款项实施监测，如特殊教育、双语教育、为改变处境不利学生情况实施的补偿教育计划和为经济收入较低家庭的子女设立的学校早餐、午餐计划等。总之，在宏观上，联邦以项目来指导州、学区与学校开展教育督导评价。

第二，督导[①]是美国保证学区教育质量的重要机制，也是学区运行机制中不可或缺的一个组成部分。美国的教育权力在州，因此州教育督学（也称督导）全权负

① 督导（supervise）与督学（superintendent），前者是动词，后者是名词，两者的含义基本相同。

责教育督导工作，学区教育督导的工作内容则主要针对的是学区内部学校办学情况。美国学区督导可以分为普通教育督导和专业教育督导。学区督学既要对学区管理委员会负责，主要职责是收集数据和证据帮助学区委员会成员做出明智的决策；又要对校董事会负责，主要职责是监督学校的具体教学事务。美国的学区督导工作由督学来完成，督学对自身的职能定位也非常清晰。这得益于 1994 年由美国学校管理者协会（American Association of School Administrators）和国家学校董事会协会（National School Boards Association）组成的联合委员会通过的国家报告《角色和关系：学校董事会和督学》（*Roles and Relationships：School Boards and Superintendents*）对学区督学责任的界定，包括四个方面：一是学区督导是学校董事会首席执行官和董事会卓越的教育建议者，扮演学校管理者的角色；是学校系统中基础教育的领导者和整个学区专业人员的服务者，作为学校管理队伍的成员，应该积极推进学校改革和发展。二是向学校董事会和社区提供学校运行计划，并使所有董事会成员理解学校的运作和计划，向董事会解释学校系统的运作；在董事会会议召开之前，给董事会全体成员提供有关董事会所有活动的完整背景信息，对董事会的后续发展提出可供采纳的建议，并且能够反思已有的政策和决策。三是形成并告知学校董事会成员一些执行董事会政策需要的行政程序，草拟与董事会意见一致的完整的学校或者社区教育计划，检查学区的日常运作情况，保证学校的专业人员都有相应的专业发展机会，使学校的专业人员明确学校的使命、办学目标等。四是保证所在学区的学校为学生提供平等的教育机会（张霞，2008）。

第三，督学是学区教育管理工作中的灵魂人物，因此在美国要想成为学区督学，需要具备一定的素质和条件。学区督学应该是一名有组织能力的管理人员，应该具备一名民主政治家的素养，应该是一名实践型社会科学家。集三种角色于一身的学区督导不断朝着专业化和标准化的方向发展。20 世纪 90 年代初，美国教育管理认证协会（American Education Management Certification Association，EMCA）[①] 接受了规范学区督导内涵界定的 8 条专业标准：一是强调督导人员要具有较强的教育领导力且能够深切理解社区文化，并引导社区文化向理想的方向发展，即督导

① 美国教育管理认证协会是专门从事国际教育界职业资格认证的国际职能机构。

人员要具有领导才能、洞察力、较好的执行力，能够营造学校文化与氛围，能够授予他人权力并理解文化与种族的多样性；二是督导人员要具有制定并执行政策的能力及管理方面的能力，即要能够为学校董事会制定运作程序，为学区与学区之间以及学区内部制定政策，使地方政策符合州和联邦的要求，并与国家宪法条款及常规应用保持一致；三是督导人员要具有一定的交往能力，并与社区保持良好的关系，即督导人员要能够保持与社区和媒体进行良好沟通的能力，要能够清晰地了解社区对学区教育的构想及媒体宣传的意图，并通过做出及时、准确的反馈，与二者达成一致意见，以此来强化社区对学区教育的支持；四是督导人员要具备组织管理能力，即具有搜集、分析和使用有关政策信息的能力、发现与解决问题的能力以及设计解决问题方法的能力，并能够通过有效的管理来满足消费者的期望，同时实现资源的有效配置；五是规划与开发课程的能力，即督导人员要具有为提高教学质量而设计课程战略计划、发展相关理论、运用有效和可靠的表现指标的能力等；六是教学管理能力，即督导人员应具有研究和开发与学习、教学相关的策略，整合资源，将研究最新发现运用于课程教学以提高学生成绩的能力；七是管理人力资源的能力，即督导人员应具有通过解释和应用有关人事筛选、发展、留任与解聘等合法要求来评价与评定教职员工、建立监督机制、提高系统工作效率的能力；八是引领价值观与伦理观的能力，即督导人员应该能够领导域内人员拥有、理解并塑造适当的价值体系、伦理观、端正的品行和多元的文化，能够与社会机构和人力服务部门合作来帮助每个学生成长和发展为一个有责任、有教养的公民（张霞，2008）。

此外，各州对本州督导的要求并不相同，督学的具体职责通常由学区的性质来决定。以洛杉矶联合学区为例，计划、评估与研究部是主要负责督导与评价的部门，其职责是“收集、分析与评估学生与学校的成绩以及人口统计学数据，以获悉影响全体学生教育环境的教学实践与操作情况”（章虹，2018）。该部门的主要任务是“执行；监测教学效果；指导教师和学校行政管理；评估学生学业表现及学校成就，并向各相关部门（教育董事会、学区项目办公室、地方学区职员、专业研究团体、合适的州/联邦机构）公布评估结果；对高级管理者提出的问题作出迅速的回应分析”（章虹，2018）。

二、法国的学区督导制度

法国是世界上最早建立教育督导制度的国家。它从建立完整的教育管理体系出发，经过长期积累和不断创新，教育督导的制度体系、机构设置、人员配备有效地承担了教育决策执行的监督和指导两大职能，在促进法国教育的发展方面发挥着不可替代的作用。法国从 1802 年开始正式建立教育督导制度，包括设计制度，完善教育督导机构，建设专业化的教育督导队伍等，保障教育督导职能的充分发挥。1990 年，法国颁布了《地区——学区督学和国民教育省督学特别章程》，具体规定了各级教育督导的机构设置、人员配备、开展工作的依据和职责。法国教育督导法规体系的特点有三方面：一是层级很高，都以法令的形式颁布实施；二是体系性强，法国的《国民教育总法》做出总体规定，教育行政总督导、国民教育总督导、学区督学和国民教育省督学各有章程可循；三是专业性和可操作性强，具体规定了两类（行政督导和教学督导）、三级（国家、地方和学区）教育督导的职责、开展工作的依据、督导的内容和程序（孙梅，2019）。

法国的教育督导机构设置与其教育行政管理体系相同，分为中央、学区、省级三层。“中央一级教育督导机构是设在国民教育部的总督导处，下设国民教育总督导处、国民教育行政总督导处、图书馆总督导处和青年与体育总督导处；省教育督导机构是设在省教育局的督学处，由一名主任协调工作，督导人员称为国民教育省督学，负责督导小学教育工作。”（孙梅，2019）总督导的工作内容及方式包括以下几个方面：一是按学科分组，对国家的教育制度进行宏观监督和评估，包括教育类型、教学内容、教学大纲、教学方法、教学程序和实施方式等。对公立学校以及隶属国民教育部或得到该部帮助的机构在行政、财务、会计和经济方面进行监督和检查；对地区公立教育机构的运转情况进行调查。二是参与对地方督导人员、校长、教师的招聘和培训工作。国民教育行政总督导处的主要责任是对高等教育及大区、省的教育进行行政督导，并对国民教育部长领导或管辖的部门、机构及人员进行督导。图书馆总督导处主要对各级图书馆的组织和运转状况进行督导，图书馆包括国家图书馆、大学图书馆、各种公共图书馆。青年与体育总督导处的主要职责是对学校的体育教学及相关学科教师进行督导（孙梅，2019）。

法国督学制的落实离不开学区的支持和配合。学区支持督学进行督导的方式有很多，其中最为重要的一种是参与学校教育教学质量的督导和评估。地方学区督学虽然在专业技术上直接听命于教育部，但在行政上隶属于学区。学区教育督导机构是设在学区长公署的学区督学处，由一名主任协调工作，分学科设置，负责督导中学教育工作。“学区对于学校的督导评估工作具有重要的指导和监督作用。学区督学与学区之间的关系越来越紧密，接受总督学和学区长的双重领导。”（方友忠，马燕生，2015）

法国建立了较好的督导轮岗制。法国教育督导人员地位高、数量充足，平均每万名学生配备 2～3 名督学，每名督学负责约 5 所学校、250 名教师（孙梅，2019）。为了保障督导不存在盲区、督导人员能够及时反馈教育中存在的问题，法国还建立了督导轮岗制，即督导人员每 5 年轮换一次，以便通过调整督导人员负责的区域来转换发现问题的视角。

法国追求督导人员的专业化和标准化。首先，法国十分重视教育督导人员的专业素质，为了保证督导人员能够胜任这样一份重要的工作，制定了严格的资格条件标准。担任国民教育总督学的资格条件如下：“年满 45 岁的正式公务员；在国民教育领域服务 10 年以上，至少有 5 年教育工作经历；必须有国家博士学位，或具备指导研究生的导师资格，或具有一定职称的大学教师或中学高级职称教师。”（孙梅，2019）担任学区督学的资格条件如下：“年满 40 岁；在教育、管理或督导部门全日制服务满 5 年；具有一定职称的大学教师或中学高级教师，以及学校或其他教育机构的负责人；满 5 年的国民教育省督学。”（孙梅，2019）担任省督学的资格条件如下：“年满 40 岁；必须在教育、教学、方向指导和管理等岗位全日制工作 5 年；持有大学三年级学历，或被教育部和公职部共同承认的同等学力，或属于中学证书教师，或为职业高中第二职等的教师。”（孙梅，2019）其次，法国不仅要求督导人员团队不断实现专业化和标准化，而且要求督导人员的产生方式也要符合严格的标准程序。对于各级督导人员均采用聘任制，招聘计划公开，招聘程序规范且严格。督导人员的聘用要经过报名资格审查、筛选、笔试、口试等规定程序。聘任学区总督学，要求本人申请并通过面试和审核后，再将候选人名单及材料上报教育部，经过有关机构审议通过，由教育部长确定人选，由总统以法令的形式正式任命（黄秦辉，2018）。学区督学和省督学的选拔程序如下：报名申请；评判团根据候选人提交的材料进行第一次选择（注重候选人的经验和学历）；被选中的候选人参加包括评判团口试在内的一次或数次考试；通过考试的候选人实习两年合格后授予合格证书；然后由教育部长任命（孙梅，2019）。最后，国民教育总督学的选拔更是备受重视，程序严格，具体如下：由一国家教育总督学组成专门的考核委员会负责招聘工作，考核委员会在国民教育部机关刊物发布招聘信息，然后对报名者的申请资格及提交的资料进行审查和筛选，分学科进行口试和笔试，为空缺职位列出候选人，并将排序名单上报给教育部长，由总统以法令的形式正式任命（黄秦辉，2018）。此外，法国还遵循先培训后上岗的使用原则。新任省督学要经过两年培训合格才能获得督学能力证书；各级在岗教育督导人员每两年要参加不少于 60 天的脱产培训；每次参加集中教育督导活动前要参加工作培训，可以说法国督导人员业务培训贯穿了职前、职中全过程（孙梅，2019）。

三、日本的学区督导制度

日本学区的性质与美国不同，日本的督导制度设计及其对学区的影响与美国也有很大不同。概言之，日本督导制度的最大特点是只“导”不“督”，即“视而不督”“导而不令”，督导制度实为指导制度或视导制度。日本的教育督导主要以教育目的、教育内容、教育教学方法、教育环境和教育工作者为对象，教育督导人员只有指导、建议和帮助的职能，而无指挥、命令、监督的权力，这在很大程度上体现了日本政府对教育工作者的尊重与信任。于是，日本秉持这样的理念：“督导不是对教育的监督，而是专门为教育的各个方面提出建议，以促进儿童更健康地成长。”（章虹，2018）这样操作使得日本督导的服务性特色非常突出。从中央到地方的督导部门都是融技术性、指导性、建议性和服务性为一体的职能部门，对学区工作的督导也就更加“温和”。日本对“就近入学”政策执行得比较好，深受国民认可，国内很少因为“学区划分”而出现“学区房”事件，因此督导基本不会对这一部分工作提出过多的建议。总体而言，日本的教育督导分为中央和地方两个层次，即文部科学省的视学官和地方教育委员会的指导主事各自有不同的督导职责。在日本，学区的督导并不算一个重要的层级，因为学区不是一个完整意义上的教育行政管理层级。

第五节　学区投入保障机制

学区的发展需要投入护航。教育投入通常包括人、财、物三个方面，经费永远是最重要的一项内容，也最能体现学区运作所需经费的情况。

一、美国的学区投入保障机制

美国学区的自治程度比较高，“人”和“物”两方面的投入最终都会归于“财”这一方面。因此，美国学区投入保障机制可被视为学区财政保障机制。

美国学区运作有着较为完善的财政保障，这是由美国的教育财政制度决定的。首先，美国学区作为一级地方行政机构，财政是独立的。学区有权通过征收学区居民的财产税为学校筹集教育经费。财产税是美国公共教育经费的第一来源，也是学区教育经费的主要来源。其次，美国学区与学区的上一级政府都有筹集基础教育经费的责任，任务比例随着教育目标的改变和经济发展而调整。最后，美国学区内的教育经费在公立学校是公平配置的，这是美国教育公平的标杆（商丽浩，2004）。这样的财政制度有以下特征：一是美国学区的财政投入是有保障的，学区管理不会因事权和财权不一致而产生危机；二是美国学区内基础教育阶段同等学校的教育经费基本一致，差异很小，但是学区间和州际中小学教育经费的差异很大，因为各学区的税收情况不相同；三是美国的学区经费投入保障机制决定了“谁出钱，谁受益”，将自己的钱花在自己孩子身上是比较容易被社区居民接受的。学区内的学校属于地方学校，在地域上属于社区学校，因此美国人更愿意付税支持本社区的中小学办学。

教育券让美国减少了学区可以掌控的经费，同时也削弱了学区教育自治的权限。1955年，美国经济学家米尔顿·弗里德曼（M. Friedman）在《政府在教育中的作用》（*The role of government in education*）一文提出教育券理论，即教育经费以固定金额证券的形式发给学生，让学生选择就读学校，决定自身经费投入的取向。[①]学校在招收学生的同时，也收取了学生手中的教育券，即学生的学杂费，学校收到的教育券越多，收取的学杂费越多，得到政府的支持也就越多，发展也就越好；反之，则会因为招不到学生、失去办学所需经费而无法运作下去，最后只能关闭。因此，教育券是政府把原来直接投入公立学校的教育经费按照生均单位成本折算以后，以面额固定的有价证券的形式直接发放给家庭或学生，学生凭教育券自由选择政府认可的学校就读，不再受学区的限制。学生选择的学校既可以是公立的，也可以是私立的。教育券可以冲抵全部或部分学费，学校凭收到的教育券到政府部门兑换教育经费，用于办学。

对于特许学区的财务管理方法，各州也存在分歧。首先，与对传统的公立学校的资助情况一样，各州和地区对特许学校的资助差异很大。其次，关于特许学校资助问题，争议较大的是资助水平的设定。意见分歧体现在：一些人认为特许学校的

---

① Friedman M. The role of government in education. http://la.utexas.edu/users/hcleaver/330T/350kPEEFriedmanRoleOfGovttable.pdf[2022-03-14].

每名学生获得的资金不应该少于传统公立学校，否则就是不公平的，而另一些人则认为特许学校的性质不同，因此给予较低的资金支持是合理的。最后，美国特许学校的经费来源决定了特许学区获得资助的方式。美国特许学校主要由公共资金资助，类似于对传统公立学校的资助方式。美国传统公立学校是由地方和州政府共同资助，且大多数地方资金是通过财产税筹集的。这一资助方式造成了美国历史上学区可用资金数量严重不等。房地产价值较低的地区无法通过财产税收取足够支持学区教育正常运作的钱，尽管这些地区的税率有时明显高于较富裕的地区。20 世纪 70 年代，美国就认识到了学区化管理对美国中小学校投入上造成的不公平。此后，美国在进行学校财政改革时将更多的资金负担转移到了各州，这使得教育投入在学区之间的分配更加均衡。但是，几乎每个州都对基于当地财产的学区收入存在差异这一现象持许可态度，也就是财产税作为学区经费主要来源的投入方式依然保留。传统公立学校依赖的州和地方资金的复杂组合决定了特许学校资金来源的复杂性和差异性。[①]此外，作为公立学校，特许学校在招收学生时会收取教育券，这也是一种资金来源。当学生就读特许学校时，这笔钱会跟随学生从居民学区流向特许学校。

学区的经费不够，由州和国家补充。首先，州和学区两级主要拨款经费给公立中小学。为回应公众对基础教育财政公平的诉求，美国在第二次世界大战后不断强化州政府筹集基础教育经费的责任。21 世纪，美国联邦政府和州政府通过增加教育投入来加强对教育的干预。2009 年，美国联邦政府和州政府的拨款占所有教育经费的比例超过了 50%，同年联邦政府对州政府和地方政府的教育支持占了所有支持项目的 8.5%，联邦政府对州政府和地方政府的教育支持比例已经增加到 11.6%（王莉，2013）。随着美国联邦政府对教育的投入逐年增加，州政府也逐渐成为教育投入的第一主体。其次，美国联邦政府和州政府在增加教育投入的过程中，并没有导致基础教育事权和决策权上移，学区与学校仍拥有教育资源分配与使用的自主权。最后，美国国家财政越来越关注学区以及学

① Shen Y L, Berger A. 2011. Charter School Finance. http://www.ncsl.org/documents/educ/charterschoolfinance.pdf[2020-06-01].

区中的公立学校是否获得了充足的教育经费，而不是教育资源是否均衡，因为学生的发展需求是存在个体差异的，教育发展关注的焦点应该是学生而不是学区。于是，美国教育财政的重心逐渐从公平性原则朝着充足性原则过渡，“教育财政的公平性以教育投入为导向，关注的是资源分配的均衡与相对的水准；而教育财政的充足性将教育投入与产出二者联系在一起，关注的是资源提供的充足与绝对的水准”（王莉，2013），两者的区别见表 2-2。美国财政投入的变化背后体现的价值逻辑是每个学生都是独一无二的，都可以成为对美国发展有用的人才，教育投入应该更加关注每个学生发展的需要，促使每个学生获得充分的发展。

表 2-2　教育财政公平性与教育财政充足性的联系与区别

项目	教育公平	教育充足
适用的人群	教育公平性原则适用的是所有个人，不管其性别、性取向以及残疾与否。对于那些弱势群体，应当给予更多的关注。因为即使每个人的天赋和需求不同，也应当享有公平的受教育机会	教育充足性原则适用的是所有人，不管其属于哪个种族、信仰哪个宗教、属于哪个阶级、属于哪个性别、残疾与否、有何种性取向以及具有其他何种身份
重点关注对象	教育公平性原则主要关注处在基础教育阶段的学生。对于那些特殊学生群体，他们应当去特殊学校接受教育。教育公平原则认为应当给具有相同学习能力的人相同的教育机会	教育充足性原则主要关注处在基础教育阶段的学生。教育充足性原则认为应当给所有学生提供充足的资源，从而使其得到充分的教育

资料来源：王莉. 2013. 美国促进基础教育均衡发展的财政政策研究. 西北师范大学: 20-21

有学者对美国肯塔基州、新泽西州和得克萨斯州对于平衡域内各学区财政的方式进行了对比分析，发现其具有以下特点：一是州政府加强对学区经费的统筹管理，增加对学生的补助；二是在筹措教育经费方面仍然以学区为主，强化了学区的责任；三是不断提高教师工资水平，加强对教师的培训；四是持续改善教育技术，拓展教育补偿项目，详情见表 2-3。其中，州在统筹经费管理过程中，不仅规定了学区募集经费的下限，同时规定了经费分配比例的上限，并且对超过上限部分的经费加以平衡，在投票表决获得同意后，可以转移支付给欠发达和税后不足的学区使用。这一点是非常值得肯定和学习的。

表 2-3 美国典型地区促进教育公平发展的财政政策

项目	基础	层次 1	层次 2	传统拨款公式	政府补助变化
肯塔基州《教育改革法》	生均教育经费为 2420 美元，要求学区筹集 300 万美元	地区生均教育经费可达到州生均教育经费的 115%，财产富裕地区超过 150%时加以平衡，需要投票表决	加上层次 1，地区生均教育经费最高时可达到州生均教育经费的 130%，且不需要均等化	基于班级单位的扁平拨款公式，与州最低工资制相关联	州补助提高 5.41 亿美元，增幅达 35%
新泽西州《质量教育法》	K-5 年级生均教育经费约为 6100 美元，要求学区筹集 1160 万美元	可选择达到学区预算的限额，不需要均等，需要投票表决		均等化教育支出达65%，财产富裕地区超过128%时加以平衡	州补助增加 10.2 亿美元，增幅达 31%
得克萨斯州《参议院法》	加权生均教育经费为 2400 美元，生均教育经费为 3441 美元；要求学区筹集 820 万美元	可选择加权生均教育经费，其保证额度为 22.5 美元，生均教育经费为 29.24 美元；可在 820 万～1270 万美元浮动 10 万美元。需要投票表决	可在 1270 万～1500 万美元浮动，不需要均等化，但需要投票表决	生均教育经费较低，约 1477 美元，要求学区筹集约 340 万美元；层次 1 保证额度较低，约 18.87 美元，税收努力限制在 340 万～575 万美元	州补助增加 21.05 亿美元，增幅达 35%

资料来源：薛二勇. 2014. 美国促进教育公平发展的财政政策分析——基于美国典型地区教育财政改革的政策评估研究. 比较教育研究, (8):93-98

第五，随着美国联邦和州政府推进学校竞争，通过财政政策调整对低效学校的支持力度，许多社区内的学校陷入财政危机，面临被淘汰和停办的状况。例如，2013 年，芝加哥教育委员会因为 10 亿美元的财政赤字而关闭了 50 所公立学校。美国社区的中小学，尤其是小学、小型学校居多，这与美国学校地方自治的传统有关，但是教育经费不足始终是制约小型学校发展的主要因素。为了保证自己所在社区的学校不被停办，且能够办得越来越好，美国一些州的社区开启了“拯救社区学校”的运动。例如，美国堪萨斯州劳伦斯市在 2009—2010 年成功地拯救了自己的社区学校。2009 年，劳伦斯学区面临 400 万美元的财政赤字危机。在商谈解决对策时，学区教育委员会有人提议关闭部分公立小学，并预计每关闭 1 所小学可节省 45 万～65 万美元的开支，但是这样会给学区招生范围的居民带来不便，因为他们担心关闭小学以解决财政赤字的做法将会减少自己孩子平等地接受教育的机会和降低学习质量。在自愿的基础上，学生家长和其他反对关闭学校的支持者自发成立了一个名为“拯救社区学校”（Save Our Neighborhood School，SONS）的组织。SONS 发动社区所有支持者团结一致，联合采取行动以抵制关闭学校的提议。“劳伦斯联合学区 497 委员会”最终于 2010 年 3 月决定不再关闭学区内的学校，转而考虑采取其他方法来解决财政赤字问题。SONS 成功地化解了这次关闭学校的危机（蔡鸿，2017）。这是一个社区居民维权成功的典型案例，这个案例说明美国学区内学校设置情况与学区民众的切身利益是密切相关的，他们更希望办好自己所在学区的学校，方便自己的孩子接受教育。

二、法国的学区投入保障机制

法国遵循财政自治原则。所谓财政自治原则，是指地方政府拥有财政自主权力，即地方政府辖区内的居民借助权力机关、行政机关等机构依法自主决定财政预算、财政收入、财政支出和财政管理等公共事务，不受任何个人和团体的非法干预（上官莉娜，2012）。1983 年，法国根据法律分权导向，对各级政府教育投入的责任进行重新划分，高等教育的投入继续由国家负责，国家同时承担全国所有教师及教育管理人员的工资，高级中学则由大区政府负责投资与管理，初级中学由省级政府负责投资与管理，小学和幼儿学校则由市镇政府负责投资与管理。学区是大学的教育行政部门，因此学区要负责高级中学的诸多管理事宜，监督经费使用情况。虽然推行了地方分权，法国政府认为国家对中小学教育仍然负有重大责任，具体如下：一是国家负责所有公立学校教师、行政人员的管理、培训与工资和大部分私立学校教师的工资；二是国家负责制定教学大纲，安排课时，制定考试与颁发文凭方面的规章；三是国家负责确定教学管理规则，包括提供大型或新型教学设施（王晓辉，2002）。

从财政预算分析，法国政府对教育的重视程度越来越高，对基础教育的重视程度也很高。教育财政支出占国家整体支出的比例很高。2010 年，法国教育整体预算为 1085 亿欧元，其中基础教育预算为 616 亿欧元，占整体的 56.77%（王晓辉，2012）。2012 年，法国总统弗朗索瓦·奥朗德（F. Hollande）上台后便提出教育政策优先，其中基础教育是重中之重（李俊凯，2014）。2021 年，在法国教育部公布的《2021 年财政法案》中，2021 年法国教育的总预算为 551 亿欧元，其中 536 亿欧元用于学校教育，与 2020 年相比，共增加了 16 亿欧元用于学校教育，增长了 3%。[①]法国教育部长让·米歇尔·布朗克（J. M. Blanquer）发表社论称，《2021 年财政法案》是 2021 年法国在国家层面发布的第一个法案，旨在普遍提高教育水平和减少教育的不平等，这两方面共同支撑法国教育政策走向成功。[②]其进一步表示，2021 年的预算符合这一社会正义目标，即仍将支持所有学生到初中毕业时能够掌握阅读、写作、计数这些基本知识和技能作为首要目标。2021 年的教育预算特别关注小学教育的发展，增加了 2000 多个工作岗位，毕竟义务教育是国家教育的重中之重。

法国通过政策倾斜和项目倾斜来改善薄弱地区学校的教育状况和弱势群体的受教育状况。其中，有两个项目取得了良好效果，且一直持续深入。一是为了提高薄弱学校的办学水平，法国推出了“教育优先区”政策。首先，增加教育经费拨款。2015 年，法国教育部为各级中小学追加了专门经费，也为教师增加了特别津贴，但教育优先区的生均教育经费要比其他区多 10%～15%，在教育优先区任职的教师每年都可以获得政府额外给予的津贴。其次，增加教师数量。比如，教育优先区初中教师与学生的平均比例为 1∶21.2，而非教育优先区的这一比例为 1∶23.2。增加教师数量有助于缩小班级规模，同时增加对学生的个别辅导。最后，强化早期教育。法国政府鼓励教育优先区内 2 岁的儿童进入幼儿学校，使他们较早地接受正规的学前教育，以弥补因家庭环境差异带来养育不足的缺憾（常宝宁，2015）。二是为了改善弱势儿童的受教育状况，法国还设置了教育成功个人项目，旨在引导学习困难儿童逐步走向成功。2005 年，法国教育部颁布了《学校未来的导向与纲要法》，提出通过设置教育成功个人项目，给予学习困难儿童特殊帮助。按照项目要求，对通过教育评估确定的学习困难儿童，学校要与学生或者学生家长共同签署

① http://www.education.gouv.fr/projet-de-loi-de-finances-2021-306342[2021-06-08].

② http://www.education.gouv.fr/projet-de-loi-de-finances-2021-306342[2021-06-08].

《教育成功个人契约》。这份文件具体说明校内外的辅导措施，学生进展评估过程和家长监督的责任。项目的实施通常由学校教师负责，但学区督学将安排经过特殊培训的教师参与辅导，必要时也会请医生和心理顾问共同参与。为此，国家将在2006—2008年每年为小学增拨10 700万欧元，为初中增拨13 200万欧元的专项经费（常宝宁，2015）。教育成功个人项目针对学生知识和能力方面的差异，实施分组补课，采取不同的步调来加强薄弱环节的教学，以满足不同学生的学习需求，进而提高学习效率，引导他们走向成功。

三、日本的学区投入保障机制

日本学区的教育投入是非常有保障的，这与日本重视教育、各项教育支出都有法律依据和保障以及公立学校资源配置均衡密切相关。

日本义务教育投入实施三级保障制度。1947年3月，日本颁布的《教育基本法》规定，“国民负有使其保护的子女接受9年普通教育的义务。国家或地方公共团体所设学校实施的义务教育不收学费”（王彦才，2006）。日本的财政制度由中央、都道府县、市町村三级构成，日本的义务教育经费的财政来源也由三个部分构成：一是地方自有财政收入；二是国库支出金；三是地方交付税，这种地方交付税并不是一种税收，而是一种拨款或补助（包桂荣，2010）。中央与地方负担的比例也通过法律予以清晰规定。根据1952年日本颁布的《义务教育经费国库负担法》及其他相关法律，中央政府承担义务教育阶段学生的全部教科书费用，负担义务教育阶段学校教职员工工资的1/2；市町村政府新增或新建义务教育学校的校舍、室内运动场时，中央政府承担所需经费的1/2；改建学校的危险建筑时，中央政府承担所需经费的1/3，详情见表2-4。此外，中央政府还通过财政转移支付的方式对地方政府进行补助。可见，日本把义务教育作为公共事务，将其作为公共财政的一个重要组成部分，并且各级政府均有管理和支持的义务。日本“中央政府依法通过无条件的转移支付和专项配套补助相结合的形式较好地解决了教育由地方政府负责所带来的公平与效率问题”（包桂荣，2010）。

表 2-4 日本各级政府义务教育财政责任划分

项目	中央政府	都道府县	市町村
人员经费	小学及初中教职员人员工资，中央政府配套 1/2；学生奖励与补助，中央政府配套 1/2	法律上规定由该级政府负责义务教育（含市町村公立学校）教职员经费，但同时接受中央专项补助。总体上承担实际义务教育经费的 1/3	对义务教育学生的奖励与补助，承担教职员以外的图书管理员、伙食调理员等人员的工资
公用经费	教材费 1/2		承担学校的教材、图书支出
基本建设费	小学及初中新建校舍和其他建筑支出的 1/2		承担校舍、室内运动场和食堂设施支出

资料来源：杨娟，丁建福，王善迈. 2010. 美、日两国政府教育财政职责对我国的借鉴. 比较教育研究，(1):72-76

日本非常重视教育，因此其公立学校从基建到教师均无实质性的差别，且配置标准高。日本学校在硬件建设上秉持着“一张图纸”的理念，即同类公立学校的建设标准相同，教师定期流动，课程基本一致，因此公立学校发展比较均衡，也不存在因教育投入不均而导致质量有较大差异的情况。

日本学区发展的压力越来越大。随着日本逐步放开择校制，跨学区择校的情况仍然存在，学区间经费的获得与使用也在发生变化。尤其是随着日本人口的减少，适龄入学儿童和青少年的总量也在减少，学区中一些公立学校的招生也面临竞争。通常情况下，日本市町村负责义务教育且其治下的小学以及中学的学区比较小，但高中学区的覆盖范围是广阔的，因而高中数量相对于小学和初中少很多。即便如此，都道府县也不需要那么多高中，结果就是各都道府县负责人想废止一部分高中来节约教育经费。例如，大阪府已经开始讨论废止 3 年连续入学考试人数没有达到预计招生数量的高中（井手佳苗，2019）。

第六节 美国、法国、日本三国学区化管理的启示

虽然美国、法国、日本三国学区化管理的制度设计不尽相同，但是其办学的理念和调控的出发点基本是一致的，那就是在促进公平的基础上提升教育质量，重点

提高薄弱地区和薄弱学校的办学水平。美国、法国、日本三国管理学区的诸多方法值得我们借鉴，对于设计我国学区管理体制，通过学区的设置来实行分权和放权进而完善教育治理结构、更好地发挥学区优化教育资源的增值功能、促进区域教育均衡发展、解决“择校热”等有积极的作用。

一、学区设置要与国情相符

第一，世界各国的学区划分标准各不相同，与各国历史文化和教育发展历程密切相关。以美国为例，学区的形成是自下而上的，即由民间教育逐渐发展成规模和体系。法国则不同，学区的划分是由国家决定的。作为探索学区化管理的后发国家，合理确定学区的规模和层级，是学区化管理在我国落地生根的基础。推行学区化管理，需要明确学区化管理的目的、范畴、规模和预期效益。解决这些问题，首先要对学区的规模和层级进行规划。我国的学区化管理现在还处于探索阶段，各省份对学区规模的设计和层级的规划均不相同。这并不一定强求统一，但有一点需要明确，即现有的学区划分与未来的学区化管理的规模和层次并不相同。

第二，我国现有的学区基本属于“就近入学”的划片学区，而未来要实施的学区化管理则可以概括为“基于学区”“在学区中”“为了学区的发展”。在我国，学区并不是一个法定的教育行政部门，因此学区化管理的方式与美国和法国并不相同。但是，学区化管理本身仍有诸多共同之处，即学区作为实现教育治理最基层的一个管理平台，是联系学校、社会和政府各部门的教育组织，是不断完善教育服务使之不断精细、准确的机构。

第三，有效行使教育管理权是推行学区化管理的保障。权力的分配与运行是教育管理体制改革的核心问题之一。在我国的学区化管理改革中，权力的合理分配以及科学运行也是备受关注的焦点问题之一。长期以来，受国家管理体制的影响，社会对教育决策的参与度低。在学区化管理改革中，如果不能赋予学区一定的人事权和财政权，却要它对学区内的教育负责，对学区内的教育改革结果承担责任，既不合理，也不现实。

那么，赋予学区哪些方面的教育管理权，才是既合理又可行的呢？学区的教育管理权该如何运行？这是我国进行学区制改革必然要回答的问题。虽然在教育管理体制上，我国与法国类似，但可以看到，法国在下放教育管理权力时，并没有对权力进行细碎的切割，使其相互掣肘，而是让各种教育权力集中在学区教育行政部门。这样便于教育的整体布局和保证改革的顺畅，降低了行政运行成本，责权利明确，值得我们学习。美国实施的虽然是地方分权制，但其教育管理权力在学区内也是十分集中的，并没有分散到其他权力机构。因此，赋予学区教育管理委员会合理的教育管理权，使其能够相对地独立行使这些权力，则是我国学区制度确立的标志。有条件的学区可以探索学区内校长聘任制和职级制。学区教育管理委员会负责区属中小学校长的任免、工资和职级确定。经费和教育硬件的投入以及区本课程的开发等则由学区按照国家标准来执行，并不断地吸收学区内外各种资源，提高办学水平。关键问题是要明确学区教育管理委员会的责权，并予以法律或者法规方面的保障，从而形成自上而下和自下而上、融会贯通的政府、学校、社会和家庭紧密合作的办学模式。

第四，教育资源配置高度均衡是实施学区化管理的前提。在学区化管理模式下，基础教育的管理必定是基于学区的，学区内学生就读、升学都要在本学区内进行，通常不允许进行跨区选择。这样的制度设计虽然可以在很大程度上缓解当前的“择校热”，节约选择成本，但这样的规定需要有一个前提，那就是各学区教育资源的配置高度均衡，否则就成了在不公平的基础上对人的发展的限制。美国在推行学区制时，也曾因各学区教育经费不均衡等原因造成部分学区教育质量低劣，导致社会民众产生不满情绪。美国对此进行了改革，在有些州，对一部分管理不善的学区剥夺其教师聘用、课程选择的权力。我国要推行学区化管理，首先要实现的是优质师资的均衡以及办学硬件的均衡，同时要认识到经费投入均衡是优质师资均衡的保障。

第五，学区化管理制度需要与其他教育管理改革配套实施。无论是美国还是法国，其学区化管理均有财政、人事和督导等方面的制度乃至法律上的保障。我国学区化管理同样需要理顺学区财政管理、人事管理和督导制度之间的关系，但是这些涉及我国的财政管理制度和人事管理制度，因此制度之间如何协调匹配是我国学区化改革面临的一个命题。目前，我国各级教育行政机构大都没有收取教育经费的权力，也没有独立支配教育经费的权力。而且，我国的区域经济发展极其不平衡，各地区的财政收入差距较大，各地区各校的教育经费的差距也很大。如何统筹各学区之间和学区内的教育经费，确保基础教育均衡发展，是推行学区化管理面临的一个难题。此外，学区化管理是将教育管理权下放到学区内，便于地方管理教育，但如何监督教育质量、保障教育公平，通过多元主体的参与建立一种有利于学区管理的教育督导制度，也是必不可少的配套改革。

二、就近入学与择校制度并举

就近原则是发达国家义务教育阶段学校招生入学的基本原则，择校制度则是在就近入学基础上的有益补充。无论美国还是日本，在义务教育阶段都积极推进就近入学政策以保证基本的教育公平底线，同时提供补偿性的择校制度，使更多的人能够获得他们所需的教育机会。

第一，要制定就近入学的原则，保障受教育权的起点公平。一是科学规划就近入学标准，这是保障入学公平的底线要求。要想使就近入学政策得到民众的支持，首先就需要合理制定就近入学的标准。就近入学的第一标准是距离，这一原则要贯彻始终，不能因为在划分学校招生片区的时候被其他因素干扰而违背这一原则，否则就不是真正意义上的“就近入学”。二是要改善薄弱学校的办学状况，防止起点不公平合理化。如果就近入学的学校是一所声誉很低的学校，却强迫附近居民将子女送去入学，这是不合理的，要在保证可以有效改善薄弱学校办学状况的基础上执行严格的就近入学政策。三是学区内师资的使用应该打通，以保障教学过程公平。师资是教育领域最重要的资源，只要师资使用能够打通，那么薄弱学校教学状况的改善也就指日可待，这是推行就近入学的有效举措。

第二，制定合理的择校制度。所谓择校制度，是指“在义务教育阶段一定区域内的公立中小学，儿童和家长一定程度上可从多所学校自由选择学校的制度”（赵硕，高慧珠，2021）。首先，择校制度是对“就近入学”的有益补充，而不是取代“就近入学”这一政策。换言之，如果放开择校，要明确放开的程度且所有学生均可以享受这一政策，不可以使其沦为某些人的特权。其次，以“择校”防止“低效”，即要使学区内以及邻近学区间的学校开展适度竞争，避免低效的学校因缺乏竞争而安于现状。最后，要丰富学区各学校的办学特色，让学生根据自身的兴趣爱好自由选择自己喜爱的学校，以满足自身充分学习和发展的需求，否则择校就很容易演变成恶性的应试竞争。

三、促进教师流动以激励为主

在我国教师交流机制的建设中，以往都非常强调政策引导，这原本无可厚非，但是其结果是教师倍感压力增大，收益不仅不升甚至还要支付更多的路费、耗费更多的时间，因此反感情绪强烈，成熟师资从公立学校乃至教育系统流失的情况也很普遍。我们分析美国、法国、日本三国的教师交流机制时发现，各国对教师身份的定位虽然不同，但是以激励为主要手段促进其交流的思路是相同的。以此为借鉴，我国可以在以下几方面做出尝试。

第一，建立特殊岗位津贴制度。所谓特殊岗位津贴是指教师流动到本不属于自身人事关系所在学校时任交换（流）教师一职时，国家或地方政府给予的工资以外的岗位津贴。

我国以政策推动为主而缺乏明确国家岗位津贴制度的设计存在一些不足。首先，我国的教师不属于公务员，让其与军人和公务员一样定期交流缺乏必要的身份认定依据，这是教师感到权责不对等的主要原因。许多教师在访谈中表示，“我没有享受过特权，我不是公务员，为什么一到命令下来就得到离家偏远的地方交流？又没有真正的补助，我的孩子怎么办？大家都是双职工家庭，本来就很辛苦，这不是雪上加霜吗？”这种情绪是普遍存在的，只是教师表达的方式不同。其次，教师对增量不增钱感到不满。许多教师在调查中反馈，“以前我们不用去落后的地方任教也能评高级职称，现在不行了。地方财政不景气，根本不愿意拿钱出来给教师涨工资，更不用说额外的补贴了，我们老师的工资根本达不到公务员的平均水平。所谓的绩效，不过是从老师工资的大盘子中切割出一部分用来给交换到落后地区的老师罢了，说白了就是变化一下分配规则而已。教师根本就没有办法保证自己的权益”。最后，教师渴望能够有真正保护自身权益的组织和机构。调查过程中，许多教师反馈，“我们教师队伍中，普遍都是女性，男性很少，校领导也希望把男老师留住，本校用起来方便。出去交流的多是女老师，许多落后地区的治安很差，甚至房屋都是危房，女老师的人身安全都成问题。许多时候我们也感到很无奈”。

可见，政策和制度规定以职称评聘来“卡脖子”的制度设计是令教师反感的，这也是许多教师放弃这一行业的一个主要原因，因为其感到没有受到尊重。一位教师在访谈中表示，“我们学校不到60名教师，去年一年就走了10名，有去经商的，有考公务员的，也有去私立学校教书的，这样至少不必因为流动而母子分离”。

我国在建立教师特殊岗位津贴制度时要做到分类规范。所谓分类规范，是指学区及管理学区的地方政府要制定不同的教师在学区内和学区外流动的规则，并根据流动情况分别给予一定鼓励和支持。通常情况下，教师流动到学区外但是不出区（县），可以考虑将其特殊岗位津贴定位为不低于工资薪酬的15%；教师流动到区（县）域外相对本校落后的学校任教，其特殊岗位津贴不低于20%；而在学区内的学校间流动，如果是流动到薄弱学校，其特殊津贴不低于10%。这是一个比较合理的比例。

特殊岗位津贴的制度设计需要在国家层面统筹考虑。首先，特殊岗位津贴的设计需要国家承担必要的责任，虽然我国制定了基础教育发展以县为主的投入政策，但是不等于国家对此就没有责任，因为教师流动是国家层面的制度设计问题，尤其是对于义务教育，国家负有重要责任。无论是法国还是美国抑或是日本，也无论是中央集权制国家还是地方分权制国家，无一例外都是由国家承担主要责任，保障教师流动的投入，这是改善薄弱地区和薄弱学校的教学状况的重要一环。其次，条块分割的管理方式决定了教育系统自身没有能力为教师设定特殊岗位津贴，此项制度的规定需要进行跨系统支持，尤其是财政部门的支持，这需要国家层面予以统筹设计。总之，有了经济收入的保障，教师的社会地位才能得到提高，这样才能促进教师队伍的稳定和教育事业的稳步发展。在我国，教师不属于公务员，也难以享受到与公务员同等的待遇，这与美国、法国、日本三国教师的身份和享受的待遇差别很大，而日本中小学教师的工资要比一般公务员高出10%以上，韩国中小学教师作为公务员，其工资也比其他公务员高。因此，中央、省和市级政府应尽快建立我国经济欠发达地区教师的特殊岗位津贴制度，并且要按照经济发展水平，对流入与流出教师的薪酬予以分类规定，尤其要注重改善经济欠发达地区教师的待遇，实现教师队伍的稳定发展。国家在制定相关标准时，除了要考虑薪酬之外，还要考虑学校所在位置的生活、交通、医疗卫生和通信条件等因素，以此来确定不同地区的类别，越是边远贫困的地方，教师的工资津贴就应该越高。

第二，学区在促进域内教师流动时，不宜通过强制要求和监督执行来实施教师流动政策，而是应该定位于为学校和教师双方提供信息服务，促进双方的信息沟通，并协助他们完成互选，确保被选教师为薄弱学校做出实际贡献（蔡永红，雷军，2014）。这意味着学区内的教师流动应遵循以下原则：一是政策制定要以尊重学校和教师的自愿选择为基础；二是要以评价结果为基础确定学校流动教师的候选人；三是对流动教师为流入学校学生学业成就提升带来的价值做必要的评估；四是在政策执行的过程中，学区并不扮演监督学校或教师的角色，而是发挥为双方提供信息对接平台的功能。

第三，要明确“输入校”和“输出校”的划分标准，实现“输入校”和“输出校”之间的供求匹配。要改善薄弱学校的办学状况，非朝夕可以完成的。作为教育系统最珍贵的资源，对教师的流动一定要做到精准、高效。为此，只有自下而上和自上而下相结合制订教师流入计划，明确教师流动的程序规范和实质规范，重视对高质量教师流动的激励，才能使流动变得有效。

四、学区督学与督政机制并重

我国督导制度包括督学和督政两项职能，但是在学区化管理中要发挥这两项督导职能，还需要从学区层面做好相应的制度建设。

第一，加强学区督导工作及相关机制的建设。首先，要完善教育督导人员资格标准。教育督导的权威性源于教育督导队伍的专业化。法国教育督导以团队的专业化保障其功能有效性的经验值得我们学习借鉴。我国已有的督导制度强调对学校的督导，但是随着学区化管理的探索不断铺开，开展相应的督导势在必行。因此，应从我国的实际出发，制定督导人员的专业标准，以保障督导取得实效。其次，在标准设定过程中，要考虑督导人员对学区教育情况的熟悉程度，方便其发现问题，提出解决问题的方案。最后，学区督导人员要与学校挂牌督导人员有严格的分工，他们可以是一个人，但是兼有两种身份，同时履行两项职务，这样更有利于学区督导工作的开展。

第二，督政与督学的任务各有侧重，不可偏废任何一方。首先，我国督导人员的专业分工应不断细化，督学与督政两项职能既要分开又要结合。所谓两项职能分开，就是督导人员分为两个系列岗位，一个系列是督学人员，另一个系列是督政人员。我国已有督导人员督政的主要职责是督导地方政府落实国家教育政策，这无疑是一项有益的工作，但是目前还存在不足。专业督政人员的主要职责还应该包括对国家和地区的教育制度进行研究和评估，调查国家和地方教育制度与经济社会对教育发展和人才培养需求的吻合度，为调整、完善国家和地区教育制度提供依据、提出建议；监督指导学校及其他教育机构在行政管理特别是财务管理方面执行有关法律、法令，为提高管理效能创造条件（孙梅，2019）。督导制度的真正建立需要督学和督政并重，“两手抓，两手都要硬”。其次，对于督学的内容和方式要明确细化。纵观各国“督学”的内容和方式，一般如下：“通过观察、听课、与教师面谈，检查学校关于教学的公告、文书是否规范；检查教学是否符合教学大纲；观察学生的学习过程反衬教师组织教学情况；检测学生学习的效果以检验教师的指导方法是否正确；检查教师的教学手段能否兼顾各类学生。对检查中发现的问题，督导人员及时予以指导，给出改进建议。督导结束后，督导人员写出报告，包括面谈的内容、督导过程中发现的问题、综合性整改建议及打分。”（孙梅，2019）

第三，做好学区内教育质量监测。在督学和督政过程中，既要重视促进督导人员充分发挥个人专业能力，积极运用自身丰富的教育教学经验，同时也要注重监测在评价和提升教育质量中的作用。将督导建立在客观评价的基础上，树立“质量第一”的观念，是教育督导未来发展的方向，也是学区督导的努力方向。学区管理组织要建立定期督导与专项督导相结合的工作思路，将监测与督导工作密切结合。

五、规范学区财务分担机制

我国基础教育投入是“以县为主”，因此许多学区财政收入也基本来自县域。从长远发展来看，县和市及以上的行政组织要干预学区的发展，在投入上也需要给予必要的支持。

第一，加大义务教育经费分担机制的立法和执法力度。目前，我国还没有一部针对义务教育经费投入及分担机制方面的专门法规，这使得各地义务教育因经费差异过大而发展不平衡。这种不平衡同样会传导到学区，影响学区的发展。因此，只有尽快出台专项法律、法规，明确各级政府对学区教育经费投入的比例，才能保证学区的积极健康发展。

第二，经费分担的原则是地方保基本，中央保均衡。地方保基本是指以县为主的基础教育投入保障体系不能变更，中央保均衡是指中央政府要对各地教育经费失衡的状况进行调控，同时要对制约基础教育，尤其是义务教育发展的关键要素的投入给予保障，如教师薪酬和流动所需的特殊岗位津贴。有学者对西方主要发达国家对义务教育阶段教师工资支付分担的情况进行了对比研究，发现发达国家非常注重对教师薪酬的高位统筹，即使由地方政府来主要负责教师薪资也是高层地方政府，而不是限于“县”这一行政级别，详情见表 2-5。

表 2-5　西方主要发达国家义务教育阶段教师工资政府分担情况

国家	中央政府（联邦）	高层级地方政府（州、都道府县）	低层级地方政府（乡镇、学区）
美国		州政府是义务教育的第一投资主体	有对教师工资的确定权与分配权
日本	负责教师工资和长期福利费的 1/2	负责教师工资和长期福利费的 1/2	教职员以外的图书管理员、伙食调理员、警备员等的工资由市町村政府负责
法国	中央政府全额负担教师的工资与福利		

资料来源：蒙丽珍，杨荣宾. 2009. 西方发达国家义务教育经费分担经验借鉴. 广西财经学院学报，(3):53-56，76

第三章 我国学区化管理的地方探索

目前，我国学区化管理还处于地方探索阶段。省（自治区、直辖市）是我国地方教育的最高管理层级，也是地方进行学区化管理探索层级最高的行政组织。目前，我国在推行学区化管理的省一级地方政府中，开展学区化管理成效较为显著的是陕西省、北京市和上海市。三地均积极推进域内的学区化管理改革且得到各界的普遍认可，不同之处在于对此项改革的称谓和采取的改革方式及路径存在差异。本章将这三地的学区化管理作为典型案例进行分析，力图探索省这一行政层级推行学区化管理的特点和规律以及需要注意的问题。

第一节 陕西省学区制改革的探索[①]

陕西省是人口大省，也是农业大省，其基础教育发展在全国排位虽然不能与北京、上海相比，但是在体制机制改革方面，陕西省走在了全国的前列。尤其是其学区制改革成就，得到国家和社会乃至教育系统的一致认可。

一、陕西省学区制改革的背景

陕西省推行学区制改革有其独特的文化和教育背景。陕西省具有悠久的历史，仅西安在历史上就先后有十多个王朝在此建都。历史传承使得陕西省非常注重域内文化和教育的发展。但是，陕西是农业大省，许多中小学地处农村。随着城镇化进程的加快，许多新兴城镇建设了许多新的中小学，这使得陕西省境内的基础教育，尤其是义务教育发展十分不均衡：一是城乡差距大；二是部分农村因生源流失而造成的劳动力流失现象严重；三是校际差距大；四是名师难以流向薄弱学校较多的农村。随着国家要求实现义务教育均衡发展，陕西省果断做出决策，即通过教育管理体制机制改革来缓解“择校热”，积极推进域内中小学教育教学质量的提升。

二、陕西省学区制改革的举措

学区制管理改革是推进义务教育均衡发展、优化教育资源配置的一项重要举

① 除特别注明，本节数据皆由陕西省教育厅提供。

措。陕西省教育厅在教育部和陕西省委、省政府的指导下，通过深化学区制管理改革，扩大优质教育资源的覆盖面，带动薄弱学校发展来缓解城市“择校热”、推进教育领域综合改革。陕西省各地通过学区制改革、组建学校发展共同体和学校联盟等举措有效地促进了义务教育均衡发展。其具体改革措施如下。

（一）省级统筹推进

为了推进义务教育均衡发展，促进教育公平，陕西省委、省政府对推进学区制管理高度重视。首先，2014 年起，陕西省每年都把学区制管理改革作为教育工作的重要任务，扩大优质教育资源的覆盖面。为落实省委、省政府的要求，陕西省教育厅认真总结基层经验，积极推进学区制管理改革示范区（县）的命名工作，提出学区制管理改革示范县区的基本条件，要求县区教育行政部门成立专门机构，立足实际，兼顾城乡，有效落实。截止到 2018 年 11 月，县区所辖 95%以上的义务教育学校参与了学区制管理。其次，示范县区要建立义务教育学校教师校长、经费投入、设施设备等教育资源均衡配置、统一管理的工作机制；建立强弱学校合作办学、合并办学、对口支援、帮扶交流等工作机制；建立按学区制管理改革完善义务教育学校招生入学的相关制度。再次，实行义务教育学校教师、校长交流轮岗，交流人员范围和比例达到省定标准，即每学年教师交流比例不低于符合交流条件教师总数的 10%，其中名师、教学能手、教学骨干等不低于交流总数的 30%。同时，将学区制管理改革纳入县区对学校的综合考评中，探索引进第三方机构对改革过程和成效进行评价、监督，形成特色鲜明、成效显著的典型经验，在区域范围内起到示范和带动作用，产生一定影响。截止到 2018 年 11 月，陕西省共命名 21 个县区为学区制管理改革示范县区。最后，为保证学区制管理改革的有效推进，2016 年，陕西省出台了《陕西省人民政府关于进一步推进义务教育均衡发展全面提升基础教育整体水平的意见》，2018 年出台了《陕西省人民政府关于统筹推进县域内城乡义务教育一体化改革发展的实施意见》，把学区制管理改革写进了文件之中。

（二）市县先行先试

从2012年春季起，陕西省确定西安市率先进行学区制改革，并逐步将改革范围推广和扩大。2014年，西安市教育局在认真总结试点经验和成果的基础上，出台了《关于深化大学区管理制改革工作的实施意见》《大学区管理制改革示范校评审标准和操作办法》等文件，从制度机制上深入推进改革的实施。西安市大学区制改革对于陕西全省学区制改革工作起到了示范和带动作用，也为学区制在陕西省乃至全国境内铺开奠定了基础、积累了经验。

为全面促进学区制改革在全省顺利推行，2013年，陕西省教育厅向全省及时推广西安市的试点经验，印发了《陕西省教育厅关于印发西安市教育局〈关于推行"大学区管理制"的实施意见（试行）〉的通知》，为全省推进学区制改革工作指明了方向。2014年，陕西省教育厅召开全省义务教育均衡发展暨西安市大学制改革现场推进会，组织全省市县教育部门负责人现场观摩了西安市大学区改革成果，在全省各地全面推广学区制改革。

（三）全省积极推广

在陕西省教育厅的推动下，各市县立足实际、大胆创新，不断赋予学区制改革新内涵，促进改制工作取得了新成效。

渭南市实施了以"教学管理、共享设施、安排教师、课程资源、教学活动、组织备课、教师培训、学生活动、质量监测、评价激励"为内容的"十统一"学区制改革模式，配套建立了督导检查、评估考核、问责通报机制，进一步完善了学区制管理办法。该市临渭区通过合并式与合作式两种模式组建了学校发展共同体，推行"一校多址"，进一步增强优质学校品牌、师资、管理效应，有效缓解了当地的"择校热"，受到公众的好评。

宝鸡市采取"名校孵化工程"，按照"名校引领，资源共享，捆绑考核，互动发展"的思路，定期组织强弱学校之间开展教学交流、学科教研活动，促进深度融合和共同发展。市教育局统筹规划和指导城区内强弱学校合并办学，如将热点学校金陵小学和薄弱学校渭滨区铁路第三小学合并，两校分办 1～4 年级和 5～6 年级，有效缓解了原金陵小学大班额的情况，使薄弱学校重新焕发了办学活力。

安康市在城区试行“大学区、督学责任区、教研协作区”三区一体化改革，按照“对口帮扶、委托管理、捆绑发展”三种模式划分大学区，建立了学区长责任管理、学区机构议事、校长教师交流轮岗、考核激励等机制和措施，形成了行政、督导、教研、学校“四位一体”的联盟协同发展机制，整体推进了大学区改革的有效实施。

（四）政策引领发展

2017 年，在前期调研的基础上，结合党的十九大精神和中央办公厅、国务院办公厅意见精神，陕西省教育厅起草了《关于进一步推进义务教育学区制管理改革的指导意见（征求意见稿）》，并完成了第一次专家论证。2018 年 6 月，对评选出的西安市灞桥等 6 个区县进行了义务教育学区制管理改革示范县（区）命名。优质学校带动薄弱学校的改革成效显著，校际差距不断缩小，优质教育资源的覆盖面不断扩大，教师的教育教学能力显著提高，学校的整体教育质量不断提升，受到学生、家长及各界人士的广泛认同和肯定。县（区）积极探索改革新模式，形成了特色鲜明、成效显著的典型经验，在区域范围内起到了示范和带动作用，产生了一定影响。

（五）加强学校建设

改善薄弱学校的办学状况是陕西省学区制改革的重点和落脚点。为了完成这一基础教育攻坚任务，陕西省多措并举，在促进学区制改革整体水平提升的同时，改善薄弱学校的办学状况。一是为进一步加大教育资源整合力度，扩大优质教育资源的覆盖面，陕西省通过加快城区学校和薄弱学校建设、落实义务教育免试就近入学、实行校长教师交流轮岗等重要改革工作，发挥政策合力，打好改革“组合拳”，从根本上解决了教育资源不均衡问题；二是为了加快义务教育学校建设，陕西省大力实施义务教育阶段薄弱学校改造，2014—2018 年，全省累计投资 85 亿元为 5900

余所义务教育薄弱学校新建改扩建教学用房，有效解决了学生用餐、住宿等迫切问题，极大地改善了“农村学校太弱、教学装备短缺、县镇学校太拥挤”的问题；三是加快推进城区学校建设，2014 年 7 月，陕西省政府办公厅印发了《关于加强县城以上城区中小学建设的指导意见》，提出从 2014 年起，省政府统筹安排各类中央项目资金和省级资金 6 亿元左右，每年支持县城以上城区新建、改建、扩建 50 所小学和 50 所初中。

（六）完善机制建设

第一，全面实行义务教育校长教师交流轮岗。2014 年 3 月，陕西省五部门联合出台了《关于深入推进义务教育学校教师校长交流轮岗工作促进义务教育均衡发展的意见》，在义务教育学校启动实施校长教师交流轮岗，3～5 年内实现教师由“学校人”变成“系统人”。各县区每学年教师交流比例一般不低于符合交流条件教师总数的 10%，其中名师，包括特级教师、教学能手、学科带头人和教学名师等，以及高级教师和一级教师不低于交流总数的 30%。这一改革举措推动优秀校长、骨干教师向薄弱学校流动，对于缩小校际师资队伍差距、促进师资均衡配置产生了重要作用。

第二，大力推行义务教育免试就近入学制度。按照《教育部办公厅关于做好 2018 年普通中小学招生入学工作的通知》的文件精神，陕西省通过召开专题会议部署，印发了《陕西省教育厅关于进一步做好义务教育免试就近入学工作的通知》，强化政策落实督查等方式，加强义务教育免试就近入学工作的组织实施、学区划定、对口入学、招生程序、学籍管理、资源共享和督查落实等工作，指导要求各市区切实落实义务教育免试就近入学政策。

三、陕西省学区制改革的效果

陕西省的学区制改革在省教育厅的主导下取得了积极的效果，得到了普遍的关注与认可。陕西省学区制改革的成就有目共睹，其存在的问题有待在发展中解决。

（一）取得的成就

第一，典型经验得到国家认可。西安市大学区制改革对于陕西全省学区制改革工作起到了示范和带动作用。西安市相关部门在全国会议上介绍了大学区制改革的经验。2012 年，刘延东做出重要批示："西安市通过大学区管理制改革，促进区域内优质教育资源均衡覆盖，这个好的经验应予宣传。"[①]国家教育体制改革领导小组办公室印发简报《陕西渭南探索大学区制促进区域教育均衡发展》（2014 年第 33 期，精选刊第 63 期）[②]，向全国介绍渭南市学区制改革的经验。

第二，获得百姓认可。访谈中，陕西省教育厅相关领导表示，"陕西省是农业大省，农村学校很多，城市中心地区外扩速度很快，对基础教育，尤其是义务教育的教育质量提升的要求很强烈。推行学区制改革以后，新校建设起点就很高，附近居民的满意度很高，很多农村地区甚至出现了学生回流的现象"。

第三，各项改革颇具成效。陕西省一系列教育综合改革政策的推行，促使各市县进一步加大教育资源整合力度，助推学区制改革走向深化。2016—2017 年，全省共交流轮岗教师 3.73 万人次，占符合交流条件教师数的 15.7%。其中从城镇学校到农村学校交流教师 2.5 万人，占交流轮岗教师总数的 67%，推动城镇优秀教师向乡村学校合理流动和对口支援工作成就显著。

（二）存在的问题

陕西省学区制改革的成就是显著的，但是也存在一些问题和矛盾需要突破和解决。

第一，学区制改革的速度无法超越城市变化带来的新问题的产生速度。实施学区制改革重点在城市，难点也在城市。由于城镇化速度加快，农村务工人员大量进

① 陕西省教育厅提供的内部材料《关于学区管理体制改革情况的汇报》（2018）。
② 该批示信息由陕西省教育厅提供。

城，给城市学校带来巨大入学压力。诸多历史原因造成城区学校办学条件、教学质量存在较大差异，热点学校人满为患，薄弱学校生源枯竭，致使超大规模学校和超小学校并存，引发更多家长、学生加速向城区内热点学校集中，导致“大班额”“大校额”问题突出。实施学区制改革有助于整合教育资源，但要从根本上解决教育资源不均衡和城市入学压力不断增大等问题，还需要从教育改革、学校规划、依法治教等多个方面长远规划、加强统筹。

第二，校长教师交流轮岗保障机制仍需完善。实现优质师资校际交流是缓解“择校热”的有效途径，但从实际情况出发，部分市县在交流层次和人员比例方面存在差异，公办学校和民办学校参与交流轮岗的要求不统一，名校交流的积极性不高，优秀教师交流人数偏少、时间偏短，参加交流轮岗教师的待遇得不到保障，校长交流所占比例较低，等等。

第三，学区制改革还需进一步深化。要深入推行学区制改革，必将涉及学校人、财、物的重新组合与分配。从目前陕西省改革的情况来看，市县推进此项改革的思路、方式、层次和成效还有差异；农村学校因为受地理、交通条件等的限制，实施学区制改革不能简单照搬城市学校的模式，搞“一刀切”。学区制改革要实现所有义务教育学校的深度合作和统一管理，全面推动教育资源优化整合，还有很多实际问题和政策障碍亟待研究和破解。

第二节 北京市学区制改革的探索[1]

北京市是我国学区化管理推行得较为广泛的直辖市，覆盖域内所有中小学。实

① 除特别注明，本节数据均由北京市教育委员会提供。

行学区制改革是北京市促进基础教育优质均衡发展的重要举措之一，是不断提高教育治理现代化水平的具体体现。自 2016 年起，北京市教育委员会积极推进学区制管理改革，并指导各区不断深化探索，完善相关制度建设。

一、北京市学区制改革的背景

北京市是教育发展水平较高的城市，有许多全国知名的学校。北京作为中国首都，义务教育阶段学校的发展已经达到教育部认定的义务教育均衡发展要求，但部分地区“择校热”一直居高不下。自 2014 年开始，北京市开始进行教育领域综合改革，学区制成为很多区缓解“择校热”、促进义务教育均衡发展的重要举措（赵翩翩，2017）。这意味着虽然北京市名校众多且基础教育发展也得到了国家的认可，但是教育发展不均衡仍然是影响社会和谐的不利因素。首先，北京市开启学区化管理改革是为了响应国家号召，办人民满意的教育。国家为了办人民满意的教育，积极号召各地通过体制机制改革等措施解决“择校热”问题。2017 年，中共中央办公厅、国务院办公厅印发的《关于深化教育体制机制改革的意见》提出了“试行学区化管理模式”的要求，北京市在 2016 年相关专项研究的基础上，总结推广学区制管理典型经验，并将研制指导意见作为深化改革的重要任务。其次，是落实北京市政府实事清单的需要。自 2017 年开始，研究推行学区制改革作为北京市扩大优质教育资源的有效举措被纳入北京市政府实事清单，得到市领导的高度重视，并给予多次批示，要求加快扩大义务教育优质资源的覆盖面，切实满足人民群众上好学的需求。最后，是北京市规范中小学办学的需要。学区制管理目前尚无上位法律依据，伴随教育综合改革，北京市学区制管理发端于区且各区有着丰富的实践案例，北京市政府有义务和责任对域内的改革加以引导、规范和提高。基于上述背景，北京市于 2018 年正式开启了市层面的学区制改革，其标志是印发《北京市教育委员会关于推进中小学学区制管理的指导意见》，并召开新闻发布会对该文件进行解读，对该项工作进行宣传推广。

二、北京市学区制改革的举措

北京市委、市政府非常重视“办人民满意的教育”，积极在域内推行各项办学管理体制机制改革，促进教育均衡发展，提高教育质量。在义务教育阶段推行学区制改革是北京市政府重点关注的一项民生工程，为此北京市教育委员会采取了多项措施推进此项改革。

（一）各区探索先行

北京市推行学区制改革基本是在各区都已经开展相关工作的基础上，对全市的改革予以规范指导。各区开启学区制改革的时间节点并不相同，但是除了昌平区以外，其他 15 个区在 2018 年《北京市教育委员会关于推进中小学学区制管理的指导意见》出台之前已经迈出改革的步伐，详情见表 3-1。

表 3-1 北京市各区推行学区制改革的时间起点

区	启动年份	区	启动年份
东城区	2004	密云区	2014
延庆区	2011	海淀区	2015
西城区	2014	通州区	2015
朝阳区	2014	大兴区	2015
丰台区	2014	门头沟区	2016
石景山区	2014	平谷区	2016
顺义区	2014	房山区	2017
怀柔区	2014	昌平区	2019

资料来源：根据各教育局官方网站的数据整理

在推行学区制改革方面，北京市各区的态度都是比较积极的，相互之间的学习也是很普遍的。其中，以 2014 年为一个重要的时间节点，这一年内有 7 个区同时推进了学区制改革，虽然有的区改革的名称不是学区，如丰台区称之为“教育集群”（图 3-1）。

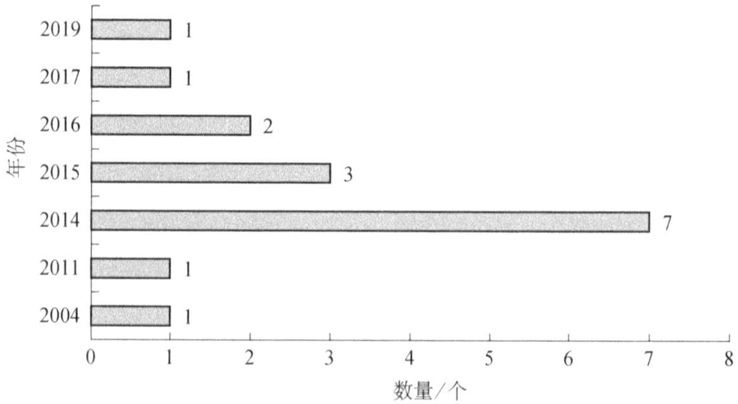

图 3-1　北京市各区推行学区制（学区化管理）改革的年份起点

资料来源：通过各教育局官方网站搜集整理

总体而言，北京市学区制改革还处于起步阶段，成熟经验不多，值得研究和总结的问题不少。各区学区制管理改革呈现出以下特点：聚焦义务教育阶段，围绕推进义务教育优质均衡、促进教育公平、缓解“择校热”主题进行。其中，最具代表性的两个区是东城区与海淀区，前者以机制改革为主，后者以体制改革为主。

（二）调查研究护航

据北京市教育委员会相关领导介绍，早在 2016 年北京市教育委员会便设立了专项委托首都师范大学开展域内学区制改革相关的调查研究，以便及时掌握北京市学区制改革的动态，随后数年，北京市教育委员会历年专项委托中都延续了该项目。以 2020 年设立专项为例，该年度专项的名称为“向基础教育倾斜——北京市集团化发展与学区制改革实践探索：政策实施指导、评估与宣传”（项目编号为 PXM2020_014202_000086）。该专项对北京市域内义务教育阶段重点推进的两项改革——集团化办学和学区制探索进行指导，帮助各区、教育集团和学区有效落实政策，对其改革经验进行分析并推广宣传，具体资助情况见表 3-2。

表 3-2 北京市“集团化发展与学区制改革”相关调查研究项目支出绩效目标申报表（2020 年度）

项目名称	向基础教育倾斜——北京市集团化发展与学区制改革实践探索：政策实施指导、评估与宣传	项目类型	事业发展专项计划
一级主管部门名称	北京市教育委员会	项目申报单位名称	***
项目属性	延续性项目	项目期	1 年
项目实施责任人	***	项目实施责任人联系电话	******
年度资金总额（万元，6 位小数）	50.000000		
其中：财政拨款（万元，6 位小数）	50.000000		
其他资金（万元，6 位小数）	0.000000		

资料来源：由北京市教育委员会于 2020 年 5 月提供

为了支持北京市教育委员会的工作，也为了多方寻求开展学区制改革的方法，北京市教育科学规划办公室自 2016 年开始便设立开展学区制改革相关的课题，并将研究成果及时上报给北京市教育委员会等相关政府机构和领导。例如，《北京市教育科学“十三五”规划 2016 年度课题指南》设立了“优先关注课题”“北京市学区（集团、联盟）教育资源统筹整合问题研究”。

（三）政策引导改革

2018 年，《北京市教育委员会关于推进中小学学区制管理的指导意见》出台，该政策指明了北京市推行学区制改革的原则包括以下四个方面：一是“坚持优质均衡”的基本原则，即北京市推行学区制需要“立足区域实际，充分发挥优质教育资源的辐射和带动作用，丰富教育供给，增强发展动力，着力解决区域内校际间发展不平衡不充分的问题，缩小校际教育差距，整体提升教育质量，促进区域教育优质均衡发展”。二是“坚持资源统筹”的原则，即“统筹协调区域各类教育资源，跨越资源边界，打通资源微循环，盘活优质资源，优化供给方式，健全协同发展机制，搭建共建共享平台，实现区域资源互联互通，不断满足师生多样化发展需求，扩大优质教育资源受益面”。三是“坚持多元共治”的原则，即“注重自上而下的政策制定与自下而上的实践探索相结合，上下联通，多方联动，建立健全多元共治的学区管理机制和运行机制，引导学校、街道（乡镇）和社会力量积极参与学区建设和管理，协同解决学区发展的实际问题，构建共建共治共享的学区发展共同体”。四是“坚持因地制宜”的原则，即“结合区域实际，加强顶层设计和统筹协调，合理规划学区布局，均衡配置教育资源，适度控制发展规模。明确学区职能定位、组织架构和发展目标，适应区域教育需求和资源条件，发挥学区优势，促进形成良好教育生态”。五是“坚持创新开放”，即“本着有利于统筹教育资源、有利于调动各方积极性、有利于促进优质均衡发展的原则，探索学区制改革的新模式，开拓区域优质资源扩增新路径，创新学区化管理体制和运行机制，促进教育治理体系和治理能力现代化”。

《北京市教育委员会关于推进中小学学区制管理的指导意见》明确了各区学区制改革的主要任务：一是合理划分学区范围，即“依据行政区划、适龄人口等因素，遵循义务教育免试就近入学、优质教育资源均衡分布等原则，合理划分学区范围，合理规划生源布局，合理配置教育资源。学区划分应统筹兼顾，相对稳定。根据地区生源需求和教育发展需要，统筹各学校、各学段资源要素，编制发展规划，科学预测学区教育规模，加强发展趋势研判，积极调控供需平衡，促进区域教育平稳有序发展”。二是完善学区治理体系，即“结合区域实际加强学区建设，探索构建多元共治的学区发展模式。完善学区治理结构，通过建立学区管委会、理事会等组织形式，组织协调学区、学校、家庭、社区以及社会力量代表共同参与学区建设与管理。完善学区协调机制。通过协议、协商等方式，明确各方的权利和义务，促进各方教育责任共担、发展利益共享。完善学区议事规则和决策程序，充分听取各方意见建议，健全依法、科学、民主的决策程序。积极调动各方参与学区改革发展的积极性、主动性和创造性，促进形成多元主体协商共治和多方协同育人的区域教育发展新格局”。三是健全学区管理机制，即“明确学区定位，履行学区职能。合理设置学区人员岗位和工作职责，健全完善‘设置合理、目标明确、职责清晰、运行协调、保障有力’的学区化管理体制机制。着重发挥学区在服务入学升学、促进资源共享、搭建发展平台、完善治理体系等方面的职能优势，不断提升学区管理水平和服务保障水平。加强对学区的管理、指导和保障，探索对学区发展的评价考核办法，激励学区在统筹资源、综合治理、促进优质均衡发展方面发挥更大作用”。四是统筹学区资源供给，即“统筹协调学区内外教育资源，建立学区资源共建共享平台，丰富拓展教育资源，搭建学区信息资源平台，精准对接学区内各校资源需求与供给，最大限度提高学区教育资源的利用效率和效益，以教育资源整合、融通、共享带动学校和学区提升发展”。五是搭建学区发展平台，即“在尊重学区内中小学校自主办学的基础上，发挥学区优势，拓宽发展平台，增加发展机会，营造发展氛围。鼓励学区内各校加强校际协同合作，融通教育资源，贯通人才培养，促进干部教师交流。搭建教育教学交流平台，组织开展课程教学研讨、教师教科研训活动；搭建学生学习成长平台，组织开展学生综合实践活动和综合素质发展交流展示活动，促进师生增强实际获得感，促进学生全面发展，教师专业发展，学校内涵发展”。

（四）搭建交流平台

为了推进域内办学体制机制改革，北京市教育委员会以会议等形式搭建了各学区交流平台。例如，2017 年 10 月 11 日，为深入贯彻落实中共中央办公厅、国务院办公厅《关于深化教育体制机制改革的意见》的精神，进一步深化首都基础教育综合改革，北京市召开了主题为“深化教育体制机制改革，促进义务教育优质均衡发展”的学区制管理和集团化办学工作推进会。北京市委常委、教育工委书记林克庆，副市长王宁同志出席会议并讲话。北京市委教育工委、市教委、市政府教育督导室主要领导、全市 16 个区的区委和区政府教育主管领导，区教工委、教委、教育督导室主要负责同志，各有关高校和直属单位负责人，以及全市参与学区制改革和集团化办学的中小学校长代表，共计 300 余人参加会议。北京市教育委员会委员冯洪荣同志做了学区制改革工作报告，全面总结了北京市学区制管理和集团化办学取得的实效，对学区改革的发展势态和现状进行了深入分析，针对学区制管理的问题，提出了深化改革的工作要求和具体举措。东城区、海淀区和大兴区教育委员会，朝阳区管庄学区、延庆区十一学校学区、广渠门中学教育集团、石景山区金顶街第二小学、西城区北京小学教育集团分别从区教育委员会、学区和教育集团等不同层面进行了大会交流。[①]

（五）配套改革并行

为了顺利推行学区制改革，北京市政府非常注重配套机制的改革。其中，最为重要的一项配套改革就是教师的“区管校聘”。2019 年 12 月，北京市教育委员会、北京市机构编制委员会、北京市人力资源和社会保障局、北京市财政局联合发布了《关于推进中小学教师“区管校聘”管理改革的指导意见》，明确指出“把‘区管校聘’管理改革与全面推行中小学学区制管理（集团化办学）、岗位管理、公开招聘、聘用管理、校长教师交流轮岗、职称评审、考核评价、薪酬分配等制度改革协同配套、统筹实施”，其目的在于“形成改革政策的组合拳，有效推进综合改革”。[②]以小学教师“区管校聘”管理改革为例，北京市具体推行了以下几项改革措施：一是创新编制管理方式，即按照在校生规模、班额等情况，充分考虑乡村小规模学校、城镇化进程和中高考综合改革的实际需要，统筹分配各校教职工编制数，实行学区内、教育集团内（跨学段）统筹配置，每年动态调整的管理机制。二是改进岗位管理办法，即教育行政部门会同人力社保部门在核定的岗位总量内，按照各学区（教育集团）内各级各类学校数、在校生规模、班额、师资结构、承担教育教学改革任务等情况，将岗位打包分配到各学区（教育集团），打破岗位资源校际壁垒，实行集中管理，由各学区（教育集团）统筹具体分配到各学校，并报同级人力社保部门备案。三是完善公开招聘制度，即鼓励和支持各区探索以学区（教育集团）为单位根据岗位设置的需要和实际需求统筹招聘教师。四是完善岗位聘用制度，即学校在学区（教育集团）统筹分配的编制和岗位数量内科学制订本校岗位设置方案，确定

---

① 新华网. 北京市学区制管理和集团化办学工作推进会召开. http://education.news.cn/2017-10/12/c_129719412.htm[2021-07-03].

② 北京市教育委员会，北京市机构编制委员会，北京市人力资源和社会保障局等. 关于推进中小学教师“区管校聘”管理改革的指导意见. http://jw.beijing.gov.cn/xxgk/zxxxgk/202001/t20200102_1551946.html[2021-07-03].

管理人员、专业技术人员和工勤人员岗位结构，依法依规做好聘用合同的签订、履行。同时，全面推行竞聘上岗制度，鼓励各区积极探索建立校内竞聘、学区（教育集团）内竞聘、跨学区（教育集团）竞聘等多种形式竞争上岗和组织统筹调剂相结合的教师资源配置模式，建立竞争择优、能上能下的用人机制。教师可以在学校内、学区（教育集团）内竞聘上岗，也可以跨学区（教育集团）竞聘上岗。学区（教育集团）内跨校竞聘岗位由学区（教育集团）统一公布，跨学区（教育集团）竞聘岗位由区级教育行政部门统一公布。五是完善校长教师交流轮岗制度，即各区要根据义务教育优质均衡发展和中小学布局结构调整的需要，科学编制义务教育学校校长教师交流轮岗中长期规划和年度计划，制订交流轮岗工作实施方案，重点推进学区（教育集团）内校长教师资源的统筹均衡配置，组织骨干校长、教师向农村学校、一般学校流动，从超编学校向缺编学校流动。区域内城镇学校和优质学校的校长、教师每学年到农村学校、一般学校交流轮岗的比例应不低于符合交流条件教师总数的10%，其中骨干教师交流轮岗的比例应不低于交流总数的20%。①

三、北京市学区制改革的效果

目前，北京市学区制改革已经将全部中小学纳入，其成就是显著的，由于改革还处在探索阶段，其存在的问题也是显著的。

（一）取得的成就

北京市学区制改革无疑是千姿百态的，各区采取的改革模式可谓多样，北京市政府在强化政府统筹、体制创新、精准发力和综合施策等方面取得了明显成就。

第一，政府加强统筹使得学区制改革变得更加有序。首先，北京市的学区制改

① 北京市教育委员会，北京市机构编制委员会，北京市人力资源和社会保障局等.关于推进中小学教师“区管校聘”管理改革的指导意见. http://jw.beijing.gov.cn/xxgk/zxxxgk/202001/t20200102_1551946.html[2021-07-03].

革呈现出多种样态，学区的形式多样。有学者将北京市学区制改革分为四种类型：一是行政主导型学区，即学区的划分是以街道行政管理区域为依据，如西城区按照街道将本区划分为 12 个学区，各学区办公室是由区教育委员会派出人员组成的常设行政机构，接受区教育委员会和街道办事处的双重领导与管理，在学区内体现政府赋予的教育管理责任。二是特色衔接型学区，即以基础教育示范校或优质校牵头，纵横辐射，提升学校、区域教育的整体发展品质。例如，丰台区以优质高中校或优质品牌资源单位牵头，通过横向联合建立了 8 个教育集群。三是同行结组型学区，即主要是研修促进、优势互补、资源共享的校际合作交流及共同发展的同一学段学区。例如，密云区通过区教育委员会行政推动、区研修院教研跟进、学校主体落实，将初中学校结组形成 4 个学区。四是教育联盟式学区，即注重发挥高中示范校的引领作用，以优质中小学为骨干，本着地域接近、优势互补原则开展协作。例如，顺义区在“城乡联动”教育改革实验中建立了联盟式学区；怀柔区按照“统一规划、优势互补、分步推进、整体提高”的原则，组建了包含 4 所中学、6 所小学的非行政性共同发展学区（李海波，2019）。其次，为了让形式多样的学区制改革取得实实在在的成效，北京市加强对各区在学区办学体制机制改革方面的指导和适当的约束，其主要方式是由教育行政部门通过任务驱动来实现。北京市政府通过在市层面要求各区建立与学区制改革相配套的人事编制、经费保障、绩效考核、规范管理等制度，来改变以前由知名校长牵头负责的松散无序的学区发展状态。最后，在北京市教育委员会的指导下，各区对学区的定位越来越明确，各区的学区定位基本上脱离了单一行政区划的制度设计而向学术性服务组织定位转变。

第二，调研显示，学区制改革在缓解择校矛盾、保障义务教育入学机会公平方面取得了积极的成就。2021 年 6 月 21 日，中共北京市委宣传部举行了“北京市庆祝中国共产党成立 100 周年”系列新闻发布会——教育事业发展专场。会上，北京市委教育工委副书记、北京市教育委员会新闻发言人李奕表示，北京市通过在“资源优质”和“机会优质”上同时发力，使老百姓在家门口就能上好学校，有效破解择校难题，小学、初中的就近入学比例均达到 99%以上。[①]

---

① 北京市人民政府.“北京市庆祝中国共产党成立 100 周年”系列新闻发布会——教育事业发展专场. http://www.beijing.gov.cn/shipin/Interviewlive/475.html[2021-07-04]

第三，极大地促进了学校发展，尤其是促进了薄弱学校状况的改善和农村地区学校的建设。北京市指导各区通过学区制改革等促进学区内乃至城乡间学校的交流，提高薄弱学校的办学水平，提高学区教育资源，尤其是优质教育资源共享水平。其结果是薄弱学校受益，同时提高了北京市中小学的整体办学水平。

（二）存在的问题

北京市学区制改革在取得显著成就的同时，也遇到了诸多的问题，需要在后续改革中不断解决。

第一，没有打造出各区持续推行学区制的内在动力机制。学区制起源于国家深化综合管理体制改革，推行于破解“择校热”。然而由于许多地区都是诸项改革同时发力，对于学区制改革的成就和价值，很难完全独立加以评判。当入学制度带来的矛盾可以寻求多种途径加以解决时，学区制改革的功效以及政府对其的支持也进入一个相对平稳期，改革的动能也就随之减弱，真正的改革持续深化的动力机制并没有真正形成。随着北京市市级财政的支撑更加偏向于城乡一体化项目，也就是说政府支持的教育改革重心向更加薄弱的农村地区倾斜和转移，发端于城区的学区制不再有往日筹备与推行时的辉煌。

第二，学区管理规范化程度有待提升。各区最初对学区的定位不同，对于学区制改革的内涵并没有统一界定，都是根据自己的理解来探索，因此其管理和办学模式属性也就呈现出多样化趋势。其中，以学区中各学校在学区层面联系的紧密程度可以分为“紧密型”“松散型”“混合型”。目前，北京市各区的学区管理则是以“松散型”“混合型”为主，其日常管理的规范性程度不高，活动的随机性较强，缺乏必要的制度与评价约束。

第三，学区制使得北京市各区教育管理的复杂性增加，行政成本也随之上升。一是北京市学区制改革的各种探索及其类型相当复杂，这就使得管理的复杂性大大增加。有的学区具有行政性管理属性，有的学区具有非行政性松散的管理属性，北京市政府在后续管理中面临如何分类对待的问题。二是部分区在改革过程中有将学区作为区派出机构以承担部分区教育行政事务的趋势，无形中扩大了政府行政人力资源的配额，削弱了学校与地方区教育行政部门的直接联系。三是我国与“办学”相关的责权利界定仍存在诸多模糊之处，学区办学的权责也就很难界定清晰。在这种情况下，地方政府难以制定较为合理的“学区办学成效”评价标准，因此地方学区化管理改革的评价也就处于暂缓执行的状态。毕竟建立科学的评价指标体系和操作体系不是一件容易的事情，如果建立的评价指标体系过于复杂，则通常不具有操作性，因为其所需的评价成本支出过大，而过于简单的评价又会失去其存在的价值，甚至使得评价本身流于形式。北京市的情况也是如此。

第三节　上海市学区化管理的探索①

与北京市相比，上海市的学区化管理具有自身的特色：一是上海市成立的学区规模通常都不大，学区内的学校通常为4～6所；二是上海市的学区化管理与集团化办学同步推进，其中未进入教育集团的学校与同学段学校就近组成学区，形成联盟，共同谋求发展；三是各学区的发展比较务实，在提升学校教育教学质量方面起到了积极的促进作用。深入分析上海市的学区化管理改革，总结其成功的经验与发展模式，可以为其他推行学区化管理的地区起到很好的示范作用。

一、上海市学区化管理的背景

21世纪初期，为缩小区域之间的差距，改善区域教育水平不均衡状况，上海市各区县以中心城区为主，开展了“以政府加大投入进行标准化建设，使学校发生

① 除特别注明，本部分数据皆由上海市教育委员会提供。

立竿见影的变化”的发展模式，包括黄浦区（例如，由光明中学、光明初级中学、光明小学联合组建“光明教育协作链”）的品牌学校链，徐汇区、杨浦区依托名校更名一批大学附属学校等。2007 年，为缩小教育发展的城乡差异，上海市通过三轮委托管理、优质师资辐射等举措推动了农村学校规范化、标准化发展。2013 年，上海市实施了以区域推进为主体的学校改进工作，创造了优质教育联盟、连片式均衡发展模式。

2014 年，上海市在全国率先整体通过县域内义务教育基本均衡验收后，以学区化办学改革继续推进了义务教育优质均衡发展。义务教育均衡发展督导评估制度建立以来，各地结合实际推动义务教育均衡发展，上海市义务教育均衡发展的速度较快。为了推动义务教育均衡发展、促进教育公平，上海市以“办好每一所学校，教好每一个学生，成就每一个教师”为政策导向，坚持均衡与发展相统一、政府职责落实和学校主动发展相协调、硬件建设与内涵发展并重、自主发展与城乡联动相结合的原则，扎实推进上海市义务教育优质均衡发展。2014 年 3 月 16—21 日，国务院教育督导委员会办公室组织督查组深入上海市进行随机抽样，对上海市申报的 17 个义务教育发展基本均衡县（区）进行督导检查，认为上海市义务教育均衡发展达到了国家规定标准，建议国务院教育督导委员会认定上海市整体通过国家义务教育均衡发展督导评估。上海市也因此成为全国第一个整体实现县域义务教育均衡发展的地方。2014 年 8 月，上海市教育委员会举行新闻通气会，明确从 9 月起上海积极推进学区化、集团化办学，相应的时间表和路线图也进一步明晰，计划到 2017 年底全市基本形成具有一定覆盖面的学区化、集团化办学新格局，并形成了富有区域特色的运作机制，努力实现“让每一所家门口的学校都优质”的目标。2014 学年为“先行先试”阶段，徐汇区、杨浦区、闸北区、金山区 4 个区先行试点，为制定学区化、集团化办学三年规划做准备。2015 学年起，进入“全面推行”阶段，各区县根据自身实际与需要制定三年规划，选择实践点，找准突破点，扩大优质教育资源的覆盖面，促进校际均衡。三年间，上海市不断加强学区化办学，截至 2017 年 9 月，上海市各区建有学区和集团 171 个，覆盖学校达 993 所，约占全市义务教育阶段学校总数的 55%、学生总数的 50%；市、区两级新优质学校集群覆盖义务教育阶段的 382 所学校，约占全市义务教育学校总数的 25%。2020

年，全市建有学区和集团233个，覆盖75%以上的义务教育学校。

二、上海市学区化管理的举措

2014年，上海市开始实施学区化办学战略。上海市教育委员会在对“学区化、集团化”办学战略进行解读时表示，学区化、集团化办学是上海市促进义务教育优质均衡发展的重要举措，它体现的是政府办教育的价值取向和责任归属，把每一所家门口的学校都办好是政府义不容辞的职责。因此，从这个意义上说，这是“治本”之举。随着近年来均衡配置义务教育资源、推进基本公共教育服务均等化，当前上海市义务教育阶段的校际差距主要已不再是硬件资源配置方面的，而是学校内涵发展水平方面的。学区化、集团化办学的聚焦重点是区域内教育内涵发展水平的整体提升，旨在通过优化区域教育生态、教育教学资源的共享共创、教师专业发展活动的智慧传递，重点实现学区内和集团内学校的内涵发展水平的整体提升，在区域内增加优质教育资源、缩小校际差距。

（一）政策引领发展

2015年，《上海市教育委员会关于促进优质均衡发展、推进学区化集团化办学的实施意见》出台。该意见提出，通过试点探索与面上实施，扩大优质教育资源总量，整体提升上海义务教育优质均衡水平。在杨浦区、徐汇区、闸北区、金山区4区先行试点的基础上，各区县选择试点全面推进。到2017年底，学区化、集团化办学覆盖全市50%的义务教育阶段学校，参加学区化、集团化办学的学校要达到《上海市义务教育阶段学校办学基本标准》，学生、家长、社区的满意度平均为85%，办学特色基本形成的“家门口的好学校”。此次推行学区化办学是以上海市教育综合改革目标为导向，充分发挥学区化的成片统筹、资源整合、优质资源共享的功能，下移管理重心、激活微观主体，支持推动区域和学校的探索创新，确保校际差距逐步缩小，为教育现代化提供有力支撑。

2019 年，《上海市教育委员会关于推进本市紧密型学区和集团建设的实施意见》出台。该意见提出，“通过两轮（3 年一轮）创建，全市基本形成紧密型学区、集团创建的良好格局，学区和集团内各成员校的教师专业发展水平、教学质量进一步提高，办学特色更加明显，家长和社会满意度进一步提升。力争 20%以上的学区、集团成为紧密型学区、集团，且覆盖所有区”[①]。在学区化、集团化办学广覆盖的基础上，通过促进组织更紧密、师资安排更紧密、教科研更紧密、评价更紧密等，激发每个学区和集团合作共进的创新活力，实现管理、师资、课程、文化等互通互融，提高每一所成员校的办学效益，办出更多“家门口的好学校”。

《上海市教育委员会关于促进优质均衡发展、推进学区化集团化办学的实施意见》提出，上海市学区制改革的基本原则包括以下几点：①区县为主推进。通过区县教育综合改革方案的实施，加强学区化、集团化办学的顶层设计与设点布局，明确发展目标，落实改革举措，推动实践创新。②学校自愿参与。基层学校参与学区化、集团化办学，应当听取本校教职工代表大会的意见或建议，民办学校还应当经过理事会或董事会等学校决策部门的审核同意。③聚焦内涵发展。通过先进办学理念辐射、骨干教师柔性流动、教育教学资源共享、设施设备场地共用、学校办学文化生成等策略，加强内涵建设，提升教育品质。④坚持开放协同。通过多校协同、抱团发展，打破校际壁垒，缩小校际差距，实现共同体内优质教育资源的辐射推广与合成再造，形成稳定的合作机制。⑤激发办学活力。通过办学共同体的建设，激发学校主动发展的积极性、创造性，提升学校“改进”与“重建”的能力，逐步形成各自的办学优势，创建学校的办学特色。

为加快实现学区化办学目标，《上海市教育委员会关于推进本市紧密型学区和集团建设的实施意见》进一步强调了三个方面的工作：一是市区联动。在市级层面，上海市教育委员会建立了紧密型学区建设领导小组，日常工作由上海市教育委员会基础教育处承担，统筹协调推进紧密型学区建设工作。隶属于上海市教育委员会的上海市教育科学研究院建立了紧密型学区建设项目组，会同相关研究机构共

---

① 上海市教育委员会. 上海市教育委员会关于推进本市紧密型学区和集团建设的实施意见. http://www.ruyile.com/news/r20116/[2020-12-10].

同开展相关的专业指导和评估工作。在区级层面，各区教育局结合实施公办初中强校工程、新优质学校集群发展等工作，规范对紧密型学区的管理，制定区域配套政策，并做好统筹资源、加大投入、强化保障、加强指导等方面的工作。二是以评促建。通过研制紧密型学区建设评估指标，开展创建方案评估、中期评估、验收评估等工作，充分发挥牵头校的引领作用和激发成员校的参与热情，不断加强治理能力建设和加大共建共享力度，提高学生、家长、社区的满意度。相关评估结果作为学区改进提升、绩效考核的重要依据，作为命名区级紧密型学区和上海市示范性学区的依据。三是交流展示。定期开展紧密型学区、集团建设交流展示活动，分享典型经验，研究如何解决学区化管理推进中产生的具体问题。在紧密型学区创建过程中，创建市级示范性的学区，每年至少在全区范围内有一次高质量的交流展示，3年内至少在全市范围内有一次高质量的交流展示，并取得较好的交流效果。同时，充分发挥新闻媒体的舆论引导作用，加大宣传力度，引导全社会关心、支持基础教育改革发展，营造有利于基础教育改革发展的良好氛围。

（二）科学组建学区

在学区组建方面，《上海市教育委员会关于促进优质均衡发展、推进学区化集团化办学的实施意见》要求各区县在辖区内因地制宜地按照地理位置相对就近原则，创新学区组织与管理形式，突破校际壁垒，促进学校纵向衔接、优势互补，构建有利于学区教育品质整体提升、学校办学特色积极培育的生态环境。学区要着重加强在管理创新、课程建设、师资培育、校社联动、特色创建等方面的探索，通过学校之间、学校与社区之间的合作创新，不断生成新的优质教育资源。《上海市教育委员会关于推进本市紧密型学区和集团建设的实施意见》要求各学区建立常设协调管理机构，选派政治素质高、沟通能力强、富有责任心的干部承担学区、集团日常管理、协调事务；建立更加科学有效的规章制度，明晰学区内部各法人学校的主体责任，健全组织管理和运行机制，完善议事规则和决策程序，确保紧密型学区建设方案逐年得到落实。同时，要求加强学区干部队伍建设。

在办学形式方面，《上海市教育委员会关于促进优质均衡发展、推进学区化集

进学区化集团化办学的实施意见》要求区县教育行政部门以“绿色指标”和学校发展性督导评价为基本依据，制订学区化办学考核指标，整体评价学区的办学情况，重点考察优质资源增量与校际差距缩小情况以及每所学校学生进步、教师成长、学校持续发展的情况。同时，引入第三方评估机构进行绩效评价，将学生、家长与社区群众的满意度作为检验学区化办学成效的重要标尺。《上海市教育委员会关于推进本市紧密型学区和集团建设的实施意见》提出，要完善学区考核评价制度，把学区内每一所学校的发展进步作为对牵头校校长年度绩效考核的重要依据，把参与学区共建作为对其他成员校校长年度绩效考核的重要内容；加大对学校推进紧密型学区建设工作的考核比例，原则上不低于区域对学校考核内容或分值总量的20%；赋予学区相应的考核评价建议权，区教育部门对成员校校长及相关干部进行年度考核，应当事先充分听取学区牵头校的意见。有条件的区可赋权学区牵头校对其他成员校进行年度考核。对于考核优秀的，区教育行政部门可予以专项奖励。对于积极参与学区建设且办学水平提升明显的成员校校长，区教育行政部门可直接或通过学区牵头校进行奖励。

（七）完善保障机制

在资金保障方面，《上海市教育委员会关于促进优质均衡发展、推进学区化集团化办学的实施意见》提出，要加强投入保障，上海市教育委员会为区县开展试点工作提供部分经费支持，并要求各区县设立专项经费，保障学区化办学中骨干教师流动、优质课程开发、教科研联动、场地资源共享等方面的需要。《上海市教育委员会关于推进本市紧密型学区和集团建设的实施意见》提出，设立专项经费支持紧密型学区建设，重点用于学区整体办学所需的课程建设、场地设施、专业资源引入、展示交流等项目支出。

以上海市金山区为例，2014 年起，金山区学区化集团化办学先后经历了试点先行、有序推广和初具格局三个阶段，截至 2019 年，已形成“三学区七集团”的整体布局。其中，“三学区”包括朱泾地区小学学区、枫泾地区小学学区和亭林地区小学学区。为进一步提高义务教育优质均衡发展水平，根据《上海市教育委员会关于推进本市紧密型学区和集团建设的实施意见》的精神，金山区制定了《金山区推进紧密型学区和集团建设实施意见》，要求所有学区力争成为区级紧密型学区或集团；强调制度建设和组织管理，各学区建立常设协调管理机构，成立学区管委会，负责协调和部署学区工作。各学区设管委会主任1名，其他成员校校长为管委会副主任，没有特殊情况，各学区管委会主任原则上不变。学区管委会根据需要召开工作例会，每月不少于一次。管委会根据需要可设管理、教学等若干工作组，定期召开工作例会，每月不少于一次。同时，建立规章制度，理顺决策、执行、监督、保障等机制和环节，明晰学区内部各法人学校的主体责任，健全组织管理和运行机制，完善议事规则和决策程序，建立学区化办学运行机制，确保紧密型学区建设方案逐年得到落实。金山区统筹师资队伍建设，坚持总量控制与统筹使用相结合，坚持存量盘活与优质补充相结合，核定机动编制用于保障各级各类学校实际需求，确保学校配齐教师。学区教师交流原则上以骨干教师为主，交流人数每校每年应不少于3人。教师交流时间原则上不少于2年，编制不变，交流教师由管委会统一管理。同时，将学区内2年的交流轮岗工作经历作为提任校级干部的重要条件。金山区统筹课程资源、研修和科研活动，形成了学区的课程开发与配送机制，创新研修与教研、科研机制，实施教师联合备课、联合教研、合作科研、教学比武，激发了教师的积极性和创造性。

以上海市崇明区为例，在实施学区化办学之前，崇明区的教育面临以下主要问题：一是学校离散度高。2019年，崇明中小学分布三岛、18个乡镇，布点广，校与校之间距离远。二是小规模学校多。崇明区大量生源集中在城桥镇、堡镇、陈家镇和长兴镇地区，其他地区生源较少，全区义务制教育阶段学生数少于200人的学校共24所，占比曾经达35%。[①]三是师资队伍结构不合理。在年龄结构上，平均年龄大；在师生比结构上，教师量总体富余，师生比偏高；学科结构不合理，部分学科师资短缺。2017年，根据地理位置相近的原则，崇明区将学校结成办学联合体，构建了崇西、城桥、崇中、堡港、崇东、长横六大学区，每个学区分幼儿园、小学、中学三个学段的办学联合体，实现了学区化办学三岛全覆盖。2018年，崇

① 上海市崇明区教育局. 紧密型学区化集团化办学及新优质学校工作简报. http://www.shcm.gov.cn/govxxgk/qjyj/2019-11-12/0badbcf4-75ac-4263-862a-0970423feaec.html[2021-09-09].

明区制定了《崇明区教育局关于全面推进学区化办学工作的实施意见》《崇明区学区化办学组织机构设置及相关工作职责》等文件，逐步规范学区化办学工作，建立了崇明区学区化办学联席会议制度，成员单位由教育局和相关委局、各乡镇组成，第一召集人为区政府分管区长，负责研究、协调、处理全区学区化办学工作中的重要问题，定期通报工作情况，加强工作指导和信息沟通，开展宣传工作。崇明区对学区发展提出的目标如下：从基本均衡走向优质高位均衡、从公共管理走向公共治理。其明确了要探索提升学校内涵发展的新模式，充分发挥并整合各校的优质资源，激活学校自身的办学活力，坚持均衡优质的价值取向，提高每一所学校的办学水平，使每一个学生得到全面而有个性的发展。与此同时，其提出要发挥学校办学的主动性，搭建合作共赢平台，破解学校的“单兵作战”困境，缩小校际差距，促进学校与学校之间“共性”与“个性”并存，互帮、互助、共享，实现全面构建人本、和谐、开放和可持续发展的教育生态体系的目标。在学区教师流动方面，崇明区打破了教师“一校所有”的格局，探索以学区为基本单位的教师柔性流动模式。学区内各学校教师在教师人事关系保持不变的前提下，每年参加交流的教师（含中层干部）比例原则上不低于 10%。在课程共建共享方面，崇明区提出深入推进国家课程校本化实施，充分利用内部研修合作平台与专家指导资源，切实提升各校教育教学的有效性。同时，在校本课程特色培育上，通过学区课程顶层设计、发展规划引领、特色教师培训跟进，以及更灵活的学生跨校选课等举措，扩大优质课程的覆盖面，打造全面多样、有品质的学区特色课程群；在课程研究与创新上，共商共研“一校一品”建设工作，逐步形成学校品牌、学区品牌。在此基础上，崇明区提出要共享硬件资源。此外，其重视整合社区资源，充分挖掘并整合各学区内各成员学校周边的社区资源，为学生提供形式多样、内容丰富、质量可靠的社会实践活动基地。学区充分利用现代信息技术，构建和完善信息一体化管理平台，有效提升管理效能，增强对外沟通能力，促进课程共建共享水平的提升。在经费保障方面，崇明区教育局为各学区提供了专项工作经费，纳入预算管理，实行专款专用。同时，在局绩效工资统筹部分划出专款，作为学区化办学方面的奖励。①

① 上海市崇明区教育局.紧密型学区化集团化办学及新优质学校工作简报. http://www.shcm.gov.cn/cmmh_web/html/shcm/shcm_xxgk_xzfbmyxzgk_xzfbm_xjyj_zdgz/Info/Detail_1628941[2021-06-28].

三、上海市学区化管理的效果

上海市学区化管理改革无疑是有成效的，但是同时也存在一定的问题。上海市“小而精”的学区发展模式，对学校教育教学水平的提升起到了积极作用，同时也存在自身规模效益有限等诸多问题。

（一）取得的成就

截至 2021 年 10 月，上海市建有学区 82 个，覆盖 637 所学校[①]，实现了优质资源跨校流动，激活了人力资源，缓解了小规模学校发展困境，课程建设实现了共建共享，极大地丰富了学生的学习经历，有效缩小了城乡教育差距，提升了义务教育办学的均衡水平，让更多学生享受到了更高质量的教育。

《上海市教育委员会关于促进优质均衡发展、推进学区化集团化办学的实施意见》实施之后，上海市通过试点探索与面上实施，扩大优质教育资源的总量，整体提升上海义务教育优质均衡水平。在学区化办学广覆盖的基础上，启动首轮示范性学区和集团的创建、评审，促进各区抓好学区集团建设，促进了学区内优质资源的共建共享。

2020 年 11 月，金山区人民政府教育督导室组织专家组对朱泾地区小学学区建设工作进行了阶段性督导评估。朱泾地区小学学区将“和而不同，美美与共”作为建设理念，聚焦各校的课程教学工作，通过项目驱动的方式，努力构建一个理念互通、优势互补、思想互融的紧密型教育联盟，有效推进了学区各校的教育教学改革，已形成了较为丰富的学区工作经验。学区整体工作推进态势良好，经综合评定，等级为 A 级。[②]2020 年 11 月，金山区人民政府教育督导室组织专家组对亭林地区小学学区进行了督导评估。亭林小学学区以“紧密合作、优质共享、提质增效”

---

① 上海市教育委员会. 上海市学区化集团化办学地图. http://sd.shlll.net/index.html[2021-06-28].

② 上海市金山区教育局. 关于印发《金山区紧密型学区建设项目阶段评估朱泾地区小学学区评估报告》的通知. http://www.jinshan.gov.cn/jyj-jydd/20210118/808917.html[2021-06-28].

第四节 地方学区化管理的启示

第一，要注重打造学区治理的内在驱动力，建立改革内在的动力机制，持续深入地推进学区治理。随着北京市的综合改革初步取得成效，优质教育资源覆盖面得到进一步扩大，学区制改革的意义和持续存在的价值容易被忽略。这会导致改革才刚刚开始，就遭遇停滞，“运动式”改革往往都是这样造成的。这种改革往往会造成很大的投入浪费。各地区要想使改革持续取得实质性成效，就要做好以下几个方面的工作：一是明确学区在地方教育治理中的定位和职责以及其长期存在的价值和使命，完善学区制改革管理。另外，鼓励市县在学区制改革方面大胆探索、积极实践，不断总结经验，创新管理方式；定期组织对此项改革工作进行专题调研，及时发现典型，推广成功的经验和好的做法，完善相关政策，指导学区制改革在全省范围内深入开展，力争收到更好的改革成效。二是规划建设好义务教育学校，加强学区对学校发展的支持乃至指导功能。同时，实施县城以上城市学校建设工程，落实新建小区配套学校建设政策，加大对城区周边农村学校的投入，支持薄弱学校建设，引导更多中小学生就近入学，缓解城市学校入学压力。

第二，不断完善学区制改革的配套机制，让改革得以持续和深入。这需要做好以下几方面的工作：一是全面推进校长教师交流轮岗，改进和完善教师管理体制机制，建立校长教师交流激励机制，促进各区县义务教育教师交流轮岗，重点加强对优秀教师流向农村地区的政策支持与投入。二是教育行政部门要根据政策不断加强横向联系并积极获得各利益相关部门的政策支持，在编制、土地和改革专项资金设置方面获得实质性突破。三是加强对学区工作的督导与评估，学区首先要进行自评，然后省和直辖市要在学区自评的基础上对市和区进行评价，其重点在于评价指标体系的建设和使用。四是改革学生学业质量评价机制，推进义务教育学生综合素质评价改革，引导学生和家长转变教育观念，缓解义务教育阶段学生升学方面的竞争。

第三，各省和直辖市要积极提炼地方典型经验，并将其推广到域内各市和区乃至全国。一是认真总结域内外改革取得成效地区的改革模式与经验，并提炼出相应的办学规律，提供给各市区作为参考。二是认真总结域内试点地区的办学成效。总结试点地区的经验时，要做到细致、精致，可以将试点进行分类总结，既要高起点推进试点地区改革，又要将试点的示范作用加以总结，同时不能忽视改革中存在的失误和出现的问题，对其进行有针对性的纠正和突破，往往可以在普遍推广时少走弯路，发挥后发性改革的优势。

第四，搭建各地区义务教育办学管理体制改革经验交流的平台。定期举办国家层面义务教育管理体制改革的经验交流会，交由改革有成效突出的地方教育局承办。通常情况下，地方教育局的热情很高。事实上，各省份都希望有这样的交流平台，既可以高效地了解他者的成功经验，解决自身存在的问题与困惑，又可以避免走弯路。

第五，准备开展学区化管理体制机制改革的省份要注重改革的前期设计。一是要从调查研究开始，注重对域内基础教育尤其是义务教育发展状况的了解。二是改革的方案要经过反复论证，最为重要的是组织讨论方案和做出决定时，利益相关方不可或缺，以确保任何一个利益相关方的诉求都能得到合理对待，进而保证改革所必要的支持要素一个也不少。其中，尤其要注重学校的需求和态度，毕竟在正规教育体系中，学校是最小的办学单元，许多改革最终都要通过学校来产生实质性功效。三是要明确学区定位、职责及其在域内教育治理中不可替代的价值，这是改革持续推进的内在需求。四是要根据自身情况来打造域内学区化管理的模式，尊重区县自身的选择，既可以进行海淀区那样以体制为主的学区制改革，也可以进行东城区那样以机制为主的学区制改革，只要能实现改革目标，不必拘泥于任何一种。五是要规范学区的办学行为，不可以越俎代庖，要能够满足中小学发展的需要，同时

第一节 东城区以机制为主的学区制改革[1]

东城区的学区制改革是以机制为主的，即东城区没有成立各学区负责管理的实体机构，学区负责人均由学校校长兼任，学区的各项工作也是由牵头负责的学校来组织推进，改革的重点在于构建各种优质教育资源共享共建的机制，盘活存量，打造增量，实现中小学办学水平的整体提升。因此，东城区的学区制改革的定位是“建立学区管理、运行、监督、保障机制，形成相对有效、完备、定型的现代教育治理体系和工作机制”[2]。

一、东城区学区制改革的背景

东城区作为中国教育的首善之区，其教育有着深厚的历史积淀，是我国学区化管理的发祥地。21 世纪，东城区的教育仍然面临一些问题，具体如下：一是虽然东城区的教育发展始终走在全国前列，但是仍未能将区域内一些小而散的教育资源聚集成一定规模的教育品牌，优质品牌的覆盖率不高，未能从根本上破解择校难题；二是缺乏学区共享管理层面的保障、评价、激励机制，特别是在干部教师的培养使用和轮岗交流的机制上尚未有突破；三是东城区已经建立的学段顺畅衔接、个性化人才成长模式尚未发挥其应有的作用，在研究学生成长规律上还有很大的发展空间。为了解决义务教育发展不均衡、优质教育资源不足带来的择校问题，为了解决与百姓关系最直接、最现实的利益问题，也为了解决教育公平问题，东城区启

---

① 除特别注明，本节数据皆由东城区教育委员会提供。

② 北京市东城区委，北京市东城区人民政府. 2014. 东城区深化学区制综合改革，全面提高义务教育优质均衡发展水平的意见（京东发〔2014〕6 号）。

动了学区化管理体制改革。

截止到 2020 年底，东城区有 8 个学区，分别是和平里学区、安定门-交道口学区、景山-东华门学区、北新桥-东直门学区（简称北东学区）、东四-朝阳门-建国门学区、东花市-崇文门-前门学区、龙潭-体育馆路学区和天坛-永定门外学区。

二、东城区学区制改革的举措

东城区的学区制改革不是一蹴而就的，经历了学区化管理、学区制治理两个发展阶段。两个阶段的改革举措一脉相承、持续深入。东城区学区制改革具有以下三个突出特点：一是注重顶层设计，将学校组团发展与义务教育阶段入学政策、干部教师轮岗交流和基础设施配置统筹设计，抓住生源均衡、师资均衡、硬件条件均衡和学校管理均衡四个影响义务教育优质均衡发展的主要因素。二是以学区为单位，采取“多条腿走路”的方式，同时进行“盟”“贯”“带”“团”等多种办学模式改革。三是最大限度地发挥学区内龙头校的辐射示范和带动作用。一所龙头校可能会同时参与“盟”“贯”“带”“团”改革，并在其中扮演龙头校角色（张瑞海，2018）。东城区学区制改革的具体举措如下。

（一）从学区化管理走向学区制治理

2002 年，东城区针对区内优质教育资源较多但分布不均衡的状况，启动了学区化管理改革。2003 年，东城区通过机制改革实现了域内教育资源学校间共享，即“打破学校壁垒，不求所有，但求所用”，在教育系统内部实现设施、设备资源、课程资源和人力资源的共享。2004 年 11 月，学区化管理模式率先在和平里学区试点。2006 年 4 月，学区化管理在东城区的原 5 个学区（和平里学区、安定门-交道口学区、景山-东华门学区、北新桥-东直门学区、东四-朝阳门-建国门学区）推开，并在原有资源共享的基础上探索了学校深度联盟、一长执两校等促进资源均衡配置的新途径。2010 年，北京市区划调整后，东城区的学区数量增至 8 个，新增加的 3 个学区依次为东花市-崇文门-前门学区、龙潭-体育馆路学区和天坛-永定门外学区。2012 年，学区化管理在东城区的 8 个学区全面实行。东城区的学区化管理分为两个阶段：①2002—2003 年，东城区在调整教育结构布局方面实施“强弱结合”，在空间上实现了教育资源的第一次整合；②为了达到结构最优化、效率最高化、协调可持续的发展目标，2003 年，东城区启动第二次整合。此次整合不同于以往一般化的“中心校式”的学区管理，而是强调“大教育”体系内部的纵横逻辑联系和结构优化，以获取更大效益为目标，进行一系列的人、财、物等资源的调节与整合。这是东城区管理体制上的一次重大变革。这次改革使东城区教育体系在纵向上将学区变为东城区终身教育体系的最基层单元，将学前、小学、初中、高中、职业教育、成人教育、市民学校和各类社区教育服务机构等教育链接成一体，打破了原有各类教育之间的壁垒，促进了各类教育的协调、可持续发展；横向上推行“强强联合”，在均衡发展的基础上践行“优质均衡”，实行“精品战略”。

2013 年，党的十八届三中全会第三次全体会议通过了《中共中央关于全面深化改革若干重大问题的决定》，该文件提出“试行学区制”。这为东城区实施教育领域综合改革，全面提高义务教育优质均衡发展水平，建设好国际化、现代化的教育首善区提供了良好的社会环境和坚实的发展基础。为全面贯彻落实党的十八届三中全会关于全面深化改革的精神，按照中央、北京市的工作部署，紧紧围绕“深化教育领域综合改革”的总体要求，2014 年 5 月，北京市东城区委、北京市东城区人民政府发布了《东城区深化学区制综合改革，全面提高义务教育优质均衡发展水平的意见》，明确提出“以深化学区制综合改革”为攻坚方向和重点举措，大力促进教育公平，全面提高义务教育优质均衡发展水平，努力办好人民满意的教育。此举是在原有学区化管理经验的基础上，推进东城区教育改革从学区化到学区制全面升级，全面提高义务教育的优质均衡发展水平。同年，《东城区实施学区制综合改革方案》正式出台，历经十年发展的学区化管理全面“升级”，实现了向“学区制”的转变（东城区教委，2014）。

为了完善领导体制和学区工作运行机制，东城区教育委员会成立了学区制综合改革领导小组，下设办公室，与学区工作委员会一并形成了以学区为基本单元的新型现代化治理体系。学区工作委员会负责各学区日常的协调、管理、服务等工作。学区工作委员会下设“三委一办”，即学区管理委员会、学区学术委员会、学区评价委员会和学区办公室，详情见图 4-1。学区管理委员会设主任 1 名，由东城区教育委员会副处级领导兼任；常务副主任 1 名，由中小学轮值主席校的校长兼任；副主任若干名，由主任提名，委员会选举产生。学区管理委员会下设中小学校长组、法律顾问组、心理指导组、食品安全巡视组、学区党建协作组、所在社会资源单位组以及学区家委会、学生会、教师协会等部门。学区学术委员会设主任 1 名，由研修部门院级领导或专业领域首席教师、专家担任；副主任由主任提名，委员会选举产生。学区学术委员会下设中小学学科教研组、教学干部组、名师工作室、特色教师工作坊和学区分院课程协作组等。学区评价委员会设主任 1 名，由学区工作委员会主任兼任；副主任由主任提名，委员会选举产生。学区评价委员会下设挂牌督学评价组、社区资源单位评价组、第三方评价机构评价组和学区家委会、学生会、教师协会评价组等。学区办公室设主任 1 名，由学区管理委员会常务副主任推荐，主任任命。学区办公室的工作人员由学区管理委员会常务副主任推荐，一般为 1～2 人。

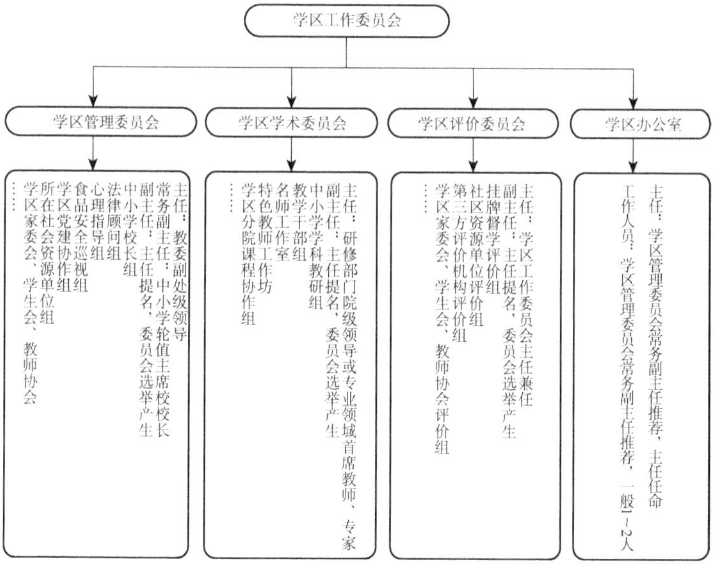

图 4-1 东城区学区工作委员会结构图

资料来源：此图由东城区教育委员会于 2017 年 5 月提供

东城区各学区实行主席轮值制，即学区由主席负责开展相关工作，而主席的选定则是由名校校长轮流坐庄。东城区每年为各学区配备办公经费 20 万元，用于日常开支。东城区还成立了由主管副区长为组长的深化学区制综合改革领导小组，统领学区综合改革，综合协调、服务学区各项工作。推行学区制以后，东城区的治理格局初步形成，即实行的是教育行政部门统筹，学区、社区、家庭等多元参与，共建、共治、共享的治理结构，将学区治理和社区治理有机统一起来，提高了教育系统与社会各方面沟通、交流、互动的能力。

（二）多项办学改革配套推行

东城区建立了学区内校际联合发展工作机制，即除进行学区制改革之外，东城区还推行了非体制性的“盟”“贯”“带”“团”改革。

“盟”是指学校之间结成联盟，共同发展，即深化学校联盟机制，通过“一长两校制”“大年级组制”“联盟一体化管理”“校舍资源共享”“干部教师轮岗交流”等路径，实行统一管理、统筹资源，进一步扩大优质教育资源的覆盖面。同时，探索优质初中深度联盟一体化办学管理。也就是说，依托示范高中的初中部，将其定位为“优质初中”，通过学校深度联盟、年级托管等方式，实现资源统筹、管理统筹，促进办学水平提升。其特征是普通校学生跨校上课，混编或独立编班；普通校教师跨校任教。

“贯”是指“一贯制”，即探索九年一贯制学校实验模式，将小学与初中甚至高中打通衔接，取消“小升初”“初升高”的入学测试，探索 9 年（乃至 12 年）一贯制学校实验模式。通过学区内优质品牌小学增设初中部和示范中学增设小学部两种方式，实行统一的学校行政、教育、教学一体化管理，到 2020 年每个学区都建立 1 所以上九年一贯制优质品牌学校。其特征是向下嫁接，小学并入，法人统一，实行二部制[①]；“借鸡孵化”，向上生长。目前，这一办学目标已经基本实现。

“带”是指建立学区优质资源带，学校之间“以强带弱”，打造教育品牌。以学区内优质品牌学校为龙头，联合周边的 2～3 所普通学校，统一招生、统一管理，

① 二部制是指学校分为小学部和中学部两个组成部分。

统筹师资及教育教学活动，学生根据就读学段在不同校区内流动学习。其特征是学校合并，名校并弱校，多址办学。

“团”是指教育集团，通过学校之间“强弱联合”，抱团发展。东城区从2015年开始组建教育集团，截止到2019年6月，共有7个教育集团，分别是：①北京171中学教育集团，其成员学校有北京市第一七一中学、北京市第一七七中学、北京市第一七一中学附属青年湖小学，与东城区豆各庄（之后成立了北京市第一七一中学朝阳豆各庄分校）、延庆康庄中学、新疆和田北京中学、安徽阜阳地区合作办学成员校等；②北京景山学校教育集团，其成员学校有北京景山学校，与石景山区、大兴区、通州区、东城区、门头沟区合作办学成员校等；③北京汇文中学教育集团，其成员学校有北京汇文中学、北京市汇文第一小学、北京市文汇中学、北京市文汇中学文汇小学部，与东城区合作办学成员校等；④北京二中教育集团，其成员学校有北京市第二中学、北京市第二中学分校、北京市第二十四中学（简称二十四中）、新鲜胡同小学、北京市东城区史家实验学校，与东城区、通州区、大兴区及内蒙古等地合作办学成员校；⑤北京五中教育集团，其成员学校有北京市第五中学、北京市第五中学分校、北京市第一中学、北京市国子监中学、北京市第五中学分校附属方家胡同小学、北京市东城区东四十四条小学（简称东四十四条小学）、北京市外国语学校，与东城区、通州区、河北廊坊等地合作办学成员校；⑥北京广渠门中学教育集团，其成员学校有北京市广渠门中学、北京市龙潭中学、北京市崇文门中学、北京市第九十六中学、北京市广渠门中学附属花市小学，与北京市通州区、房山区、平谷区，河北康保、雄县、唐山、平乡等地合作办学成员校；⑦北京史家小学教育集团，其成员学校有北京市东城区史家胡同小学（简称史家小学）、北京市东城区东四七条小学、北京市东城区西总布小学、北京市东城区史家胡同小学分校（简称史家小学分校）、北京市东城区遂安伯小学、北京市东城区史家实验学校，与北京通州区、河北廊坊、广东顺德和深圳等地合作办学成员校。2016年5月26日，东城区印发了《东城区教育集团管理办法（试行）》。东城区教育集团是以区域内教育品牌学校为龙头校冠名成立的。集团成员一般由区域内外有依托品牌发展的意愿、具有独立法人资质、所在当地政府大力支持的教育单位等组成。东城区教育集团是基于资源、标准、课程、管理等一体化的联合培养、协同发展建成的办学共同体。东城区教育集团采取理事会制的治理模式，教育集团所属成员学校实行理事会领导下的校长负责制。

东城区的诸项办学改革配套而行，具有以下特征：一是注重学校间联合发展，打造东城区教育高地；二是学校间组合发展时遵循校际相同的文化根源、相近的位置渊源、相似的文化特色的思路；三是坚持政府主导、名校带头、理念为先、软硬并重、主动发展的方针，实现学区内教育的全面优质、品牌化；四是在同一学区内，同时进行“盟”“贯”“带”“团”等多种办学模式的改革探索；五是同一所龙头校可能会同时参与“盟”“贯”“带”“团”改革；六是虽然有多项改革，但是学区制改革是重中之重，即以学区为单位，对学校组团发展与入学政策、干部教师轮岗交流、资源配置进行统筹设计。

（三）建立干部教师交流机制

2014 年 1 月，东城区制定了《东城区实施学区制综合改革方案》，明确提出在进一步推进改革的过程中，将实施干部教师交流轮岗作为促进教育优质均衡发展的重要举措。东城区的教职员工交流机制按照对象分为干部和教师两类，按照思路则是共享与增长并重，即在共享的基础上实现增长。

第一，建立干部教师交流发展机制。东城区从以下三个方面加强干部教师团队的建设：一是建立干部教师交流轮岗的人才“蓄水池”，即把干部教师交流轮岗工作与人才队伍建设紧密结合起来，旨在统筹规划干部教师团队的建设，通过“宝塔”格局的梯次建设和广泛引进国内外优秀教育成果来滋养干部教师，不断增加教育人才储备，使之成为“源头活水”，从而形成干部教师交流轮岗持续涌流的“蓄水池”；二是搭建干部教师交流轮岗工作平台，即搭建起既有利于干部教师形成价值归属感，又能促进其发展的多岗位、多平台的交流轮岗方式，破除“一校定终身、一岗定终身”的僵化局面，构建人人都能成长成才、脱颖而出的通道；三是建立干部教师交流轮岗激励提升机制，即实行交流轮岗干部教师的动态管理，通过做好干部教师的职业生涯设计，对达到一定标准的干部教师实行带薪脱产培训、分层级定向培养以及菜单式课程培训，打通个人成长发展的三个通道——职称通道、骨干通道、晋升通道；四是建立学校优秀干部与教委机关干部双向挂职（实职）培养的机制，对有潜质的干部进行培养、选拔、任用，实现人才的相互贯通、顺畅流转，满足改革需要。按照预定计划，“在2020年前，实现优秀干部教师轮岗交流资源共享比率不少于30%，中青年优秀校长、骨干教师轮岗交流达100%”（冯洪荣，2014）。东城区教育委员会相关领导在访谈中表示，东城区在促进教师流动和干部轮岗过程中遵循五个原则，即“以人为本，促进发展；系统设计，综合推进；因地制宜，循序渐进；分层分类，形式多样；尊重基层、发展稳定相结合”。遵循这五个原则，是为了保障干部教师交流既能顺利推进，同时也能够获得干部和教师的认可。

第二，以学区为单元，推动优秀干部教师跨校任教兼课、轮岗交流。为了建立交流通道，东城区以八种方式确保交流轮岗常态化和可持续。

一是机关与基层干部双向交流轮岗，即选取一批中青年干部，在机关和学校岗位上进行双向实职交流轮岗，计入干部成长经历，实现机关公务员与基层干部的交流轮岗，如机关干部到改革任务校承担联合党支部书记，改革“盟”“贯”“带”上的校长、副校长到机关进行实职锻炼形式的交流轮岗。

二是研修员与学科骨干教师双向交流轮岗，即实施研修员任期制度和轮岗制度，推行兼职研修员制度，建立学校优秀教师兼任研修员与研修员下校兼课相结合的双向互动机制。例如，研修部门的教师实职到优先发展的初中任教，带领学校教研组全面开设选修课程和指导学校的课题研究，从而借助“外脑”促进学校教育品质的提升。

三是校际联盟干部教师交流轮岗，即实施深度联盟的两所学校通过一体化管理，实现两校干部教师之间的轮岗交流，以学区为单元成立联盟校合作委员会，建立运行机制，统筹教育研讨、软硬件互补、教师交流培训、学生互动等，使各联盟校相互促进、组团发展，整体提升办学水平，并在此基础上通过教师跨校任教兼课、师徒结对、联合教研、提供网络课程资源等形式，在联盟内实施干部教师交流轮岗。

四是九年一贯制学校教师交流轮岗，即在九年一贯制学校，小学部和初中部的干部教师实行中小衔接，进行跨学段交流轮岗，实现中小学段间的借力、助力，从而做大做强原有的教育品牌，在不断扩大影响力的基础上实现学校的可持续发展。

五是处于优质教育资源带的干部教师交流轮岗，即组成优质教育资源带的相关学校实施学生一体化管理，干部教师统筹安排，不同校区干部教师交流轮岗。例如，从 2014 年新一年级开始，东城区推行小学起始年级任教教师在资源带上的交流轮岗，然后根据学生就读学段的流转，实现优质教育资源带上所有教师在不同校区的交流轮岗。

六是学区教师培养基地交流轮岗，即在每个学区选择 1～2 所优质校，建立“教师培养交流基地”，学区内统筹一定比例的教师招聘指标给基地校，由基地校统一招聘、统一培养、统一储备、统一使用。学区根据实际需求，给基地校下达选派优秀干部、骨干教师到学区内其他学校交流任职任教的指标，从而形成学区内的教师准入、培养、使用、交流的长效机制。

七是城乡一体化交流轮岗，即承担城乡一体化任务的学校作为资源输出单位，在“一个法人、一体化管理”的框架下，统一管理原校区和新校区的教育教学、教研活动及考试评价，有计划地安排两个校区的干部教师交流轮岗，实现城乡优质教育资源一体共享。

八是建立更广泛、灵活的人才资源共享机制，即通过实施名师名校长工作室、骨干教师引领工程、名师导学团、学区联合备课、共同课题研究、远程教研、网络开放课程等多种方式，实现优秀教育经验、成果、资源的共享（冯洪荣，2014）。

（四）建立学区资源共享机制

第一，东城区相关部门认为，共建是共享的基础，因此东城区以学区为单位加强了基础设施设备的均衡配置。一是建设学区学生身心健康服务中心、学区重点学科实验室、学区资源中心、学区中心食堂、学区教育后勤服务中心、学区考试招生指导服务中心和学区教育教学研究中心等教育相关配套设施。二是建立以学区为单位的“办学条件达标动态管理”“重大项目资金核实审批”系统，不断提高教育基础设施建设和设备配置标准。第二，实现硬件设施共享机制。东城区要求学校打开"围墙",实现"盟""贯""带""团"内硬件资源的共享,如体育馆等互相开放。第三,实现课程资源共享。东城区的课程资源共享是通过师资共享和硬件设备设施共享来实现的,即优秀教师的流动带动课程资源通过教学而流动。例如,北京市东城区和平里第四小学进行了资源共享,规定可以跨校上乒乓球课。

(五)建立学区教育督导评价机制

为了加强对学区硬件资源共享使用效率、干部教师校际轮岗交流作用、学校共同发展水平等方面的专项督导和综合评价,东城区积极开展"学区均衡发展水平综合评估"。一是建立从学校到学区各个学科基于标准的质量监测体系;二是实施对学校课堂教学质量监测和基于课程标准的学生评价机制;三是加强教研部门对学区内深度联盟学校、九年一贯制实验学校、教育优质资源带成员学校等学校发展整体质量的指导和监控,以实现学校教育质量整体提高、校际差异大幅降低的目标。

三、东城区学区制改革的效果

东城区的学区制改革取得的成效是显著的,但是也存在自身独有的问题。调查期间,东城区相关领导表示,"东城区在 2015—2016 年曾委托其直属事业单位对域内各项改革的实施效果进行调查,发现各项政策措施得到主要利益相关者广泛支持,学生家长、干部教师对政策效果的满意度较高;改革扩大了优质教育资源的覆盖面、促进了教育资源均衡、缓解了择校问题,同时促进了学校管理创新,学校办学活力和动力得到激发,但是也有一些改革带来的问题需要解决"。

(一)取得的成就

第一,教育资源高度共享,实现了办学水平质的飞跃。首先,东城区各学区通过内部各级教育机构在教育硬件资源方面，如体育设施、天文馆、教育教学场所等，实现了充分共享，使新的课程改革所需的硬件资源供给更加充分。一是以往一些优质校本课程真正能够成为地区（学区）的课程，从而充分提高了课程资源的利用效率。二是特级教师、高级教师在学区内的跨校兼课和指导交流成为可能，人事制度改革的区域瓶颈得到突破，实现了教育系统优质人力资源的交流和共享。

第二，建立健全了东城区干部教师培养、轮岗交流机制，为教师专业发展提供了更为广阔的空间。东城区一位校长表示，“在教师发展上，东崇前学区（东花市-崇文门-前门学区）成立以后，许多学校联动起来。过去有些教师在区域里没有发展的机会，现在我们把整个学区的 6 所学校联动起来，上教研展示课或者请专家办讲座，教师认为过去‘平静’的教育生活正在打破，也愿意有一个展示的机会。其实，对于教师这个群体来讲，给予其一定的激励，他们会带动所在团队去重新认识自己的角色定位”（佚名，2014）。

第三，学生是改革的受益者，具有较高的获得感。一是孩子们不再被一所学校的四角天空局限，他们有机会到不同的学校参加活动，感受不一样的文化氛围和校际交流，如北京市东城区第二幼儿园（原北京市崇文区第二幼儿园）的孩子可以到北京市崇文小学参加升旗仪式、运动会、毕业典礼，小学生可以到初中学校的体育馆学习乒乓球等。二是孩子们的综合实践活动更加丰富。综合实践活动受师资、场地等的限制，与传统的学科教学有很大不同，现在学区提供域内各学校资源共享的平台，也为孩子们享受更加丰富多样的课程提供了可能。三是在小学阶段无须择校。东城区某学校校长反馈，“东城区基本做到小学入学无须择校，在家门口就能实现‘上好学’的要求。虽然学生在学习阶段的发展有层次，但是真正的分化是在中学阶段”。

第四，提升了学校办学水平。一是提升了学校自主发展的意识与能力。调查期间，许多学校校长表示，学校通过学区制改革获得了更多的支持与资源，通过共享和共治，学习到其他学校先进的办学经验，同时也与其他学校共享本校独有的特色资源，如本校的特色课程。二是促进学校建立起合作发展的新思维。东城区教育委员会相关领导在访谈中表示，“通过学区制改革，我们有意识地让学校管理者认识到，‘一个人只能做到走得快，只有一群人才能实现走得远’；一个品牌独立发展只能成为高峰，只有携手共建才能实现结构化、系统化的发展，才能形成打造出东城教育的‘新高地’”。许多学校校长在访谈中表示，东城区的学校本就有开放办学的好传统，学校之间互相开放、互通有无本就是常态，学区制改革将这一传统制度化，并实现了区域统筹。有校长表示，“按照区给予的培训，对于学校而言，学区制不再只是从自身的角度去考虑发展问题，而更多的是从整个区域孩子受益的角度去考虑如何让更多的孩子享受教育带来的变化，并从中受益”。另一位校长兼校区负责人表示，“可以说，在学区制建设过程中，我们学区的每一所学校都愿意去尝试改革，愿意共同携起手来做一些事情。过去我们是每所学校自己做自己的事情，有特殊需求时才向其他学校求助。现在则不然，我们更多的是考虑学区的学校能不能共同参与，能不能一起组织活动，学生能不能广泛地交流，能否不断开阔眼界，增广见闻，既要读万卷书，也要见世间百态事，实现教育资源利用效益的最大化”。三是加强了学校与社区、街道和家庭的沟通。一位学区负责人兼校长表示，“按照区的指导，学区积极加强与域内各方面的联系，既要获得各方支持，同时也从多角度听取改善学校办学的意见和建议。与此同时，也让居民了解学校的发展与进步，满足其对优质教育的各种新要求”。

第五，探索教育治理模式，改善了域内教育生态环境。学区制有助于从改善学校教育小生态走向营造学区教育大生态，进而实现学校、教师、学生的优质均衡、持续发展。学区制建设加强了校际的横向联动和纵向延伸。一方面，在校际的横向联动中，有助于实现教师跨校交流、联合教研；有助于学生跨校“游学”，在一定程度上突破了单一学校的师资与场地资源有限的瓶颈，为学生实现个性化选课提供了最大的可能与空间。另一方面，在跨学段的纵向联合中，有助于突破阶段化教育的壁垒，延长教育生态链，使得阶段教育目标与系统培养目标有效结合。

（二）存在的问题

第一，东城区的学区制改革主要是由教育行政部门通过任务驱动的方式组织实施的，相关的人事编制、经费保障、绩效考核、规范管理等机制的研究跟进不够及时，因此出现了一些问题。

第二，学区制行政职能逐渐增加，出现权力的二级行政化迹象。这与控制教育管理层级的思路有一定的冲突，但是其积极作用大于消极作用，毕竟政府简政放权时要有相应的机构和组织承接政府部分行政管理的权力和职能。

第三，多措并举的改革加重了学校的管理负担。虽然学校在改革中获得了实惠，但是学校也为此付出了诸多的管理成本。东城区既有学区制改革又有集团化办学，两项改革在管理方面存在一定的交叉。东城区学区负责人表示，“集团化办学和学区制改革同时作用于一所学校，很多时候开会都会产生冲突”。

第二节　海淀区以体制为主的学区制改革[①]

海淀区是我国学区制改革非常有特色的一个行政区，其改革力度之大、效果之佳值得深度研究。与其他区的学区化管理探索相比，海淀区的学区制改革是以体制改革为主，即海淀区成立了学区管理层面的实体机构，并且以治理理论为指导，构建整个管理体系，从而实现其治理功能。

一、海淀区学区制改革的背景

海淀区是全国知名的科技大区，基础教育优质资源密集，但仍然不能完全满足居民对享受高品质教育的强烈需求。提高教育优质均衡发展水平，满足域内民众对“上好学”的需求，是“十二五”期间海淀区教育发展的主要任务。2013 年 11 月

---

① 除特别注明，本节数据皆由海淀区教育委员会提供。

12 日，党的十八届三中全会通过的《中共中央关于全面深化改革若干重大问题的决定》明确提出“义务教育免试就近入学，试行学区制和九年一贯对口招生”，这为海淀区深化教育综合改革、推动教育优质均衡发展、促进教育公平指明了方向，决定通过教育管理体制机制改革带动域内教育发展，解决基础教育尤其是义务教育发展面临的主要问题。可以说海淀区的学区化管理体制改革是以党的十八届三中全会精神为指导，以统筹整合教育资源、优化教育布局、创新管理机制、满足人民群众的教育需求、促进海淀区教育优质均衡发展为目标开启的改革。同时，海淀区启动学区制改革，是贯彻党的十八届三中全会提出的“试行学区制”要求的重要举措，是落实教育部《关于进一步做好小学升入初中免试就近入学工作的实施意见》中提出的“试行学区化办学”意见的一个重要抓手，是响应北京市教育委员会“鼓励各区县因地制宜探索多种学区制管理模式”号召的积极行动。

二、海淀区学区制改革的举措

海淀区推行学区制改革是由海淀区教育委员会牵头与海淀区教育工作委员会携手共同推行的一项基础教育办学体制改革。据海淀区教育委员会相关领导介绍，“海淀区学区制改革是落实中央‘简政放权，放管结合，转变职能，优化服务’要求的具体举措，旨在通过完善教育内部治理结构，实现政府宏观管理、学校自主办学、社会广泛参与”。海淀区的学区制改革非常具有特色，具体改革举措如下。

（一）科学论证，稳步推进

在推行学区制改革之前，海淀区在小学阶段一直实行学区管理，小学学区在协调、指导和管理所属小学方面发挥了巨大的作用。随着时代的发展，现行的小学学区管理模式弊端也逐渐暴露出来：资源没打通、与行政区划对应的程度不高、发展不均衡等。这些问题亟待海淀区在深化教育综合改革实践中着力研究解决。

第一，为了顺利开展域内学区制改革，海淀区教育委员会委托海淀区教育科学研究院就此事开展前期研究、论证和设计。海淀区学区制改革整体可以分为四个阶段：第一阶段为方案制订阶段（2014 年上半年），第二阶段为试点阶段（2014 年下半年），第三阶段为推广阶段（2015—2019 年），第四阶段为调整阶段（2019 年之后）。前期论证主要在第一阶段完成，第二阶段试点总结也包含部分论证和总结工作，以及完善设计方案。客观而言，海淀区学区制改革在铺开之前经过了充分的设计论证，见表 4-1。

表 4-1　海淀区学区制改革科学论证历程

日期	事项
2014 年 2 月 4 日	在海淀区委、区政府“三重一大”会议上，领导小组组长、海淀区委常委、副区长傅首清带领相关部门进行了学区制改革方案研讨
2014 年 2 月 5 日	北京市委常委、市委教育工作委员会苟仲文书记率队调研海淀区学区制改革与优质教育资源布局调整，充分论证了海淀区学区制改革方案，给予了高度认可，并要求海淀区要加快学区制改革进程，实时向北京市委教育工作委员会、北京市教育委员会汇报进度
2014 年 2 月 10 日	傅首清常委召开各委办局相关人员工作会，细致研讨了学区制改革实施方案，规划了改革的时间表和路线图
2014 年 3 月 4 日	“海淀区学区制改革方案”提交海淀区政府常务会审议通过
2014 年 3 月 5 日	“海淀区学区制改革方案”提交海淀区委常委会审议通过
2014 年 3 月 6 日	傅首清常委召开海淀区招生和考试委员会工作会，请海淀区人大代表、海淀区政协委员、各级专家和校长代表对改革方案进行了充分研讨
2014 年 3 月 9 日	孙文锴区长在 29 个街镇和各委办局党政正职会议上，正式公布了“海淀区学区制改革方案”，并进行落实方案的具体部署。《北京日报》、《北京晨报》、新华网、人民网等媒体对改革进行了相关报道，社会各界高度关注海淀区教育改革的最新动向
2014 年 3 月 20 日	试点学区改革方案提交海淀区教育工作委员会主任办公会审议通过
2014 年 3 月 26 日	试点学区改革方案提交海淀区委教育工作委员会审议通过

资料来源：海淀区学区制改革工作小组专职办公室. 海淀区学区制改革专刊（内部资料），2015 年 11 月 6 日

从出台“海淀区学区制改革方案”到学区制全面铺开，海淀区的试点工作功不可没。羊坊店学区和温泉苏家坨学区两个试点学区对未来学区制管理的各项工作进行了全面探索，通过新的方式探索学区内设施、课程和师资等各类资源的共建共享方式，并总结经验和教训，为下一阶段改革的顺利铺开奠定了实践基础。2014—

2015 年海淀区学区制改革大事记，见图 4-2。

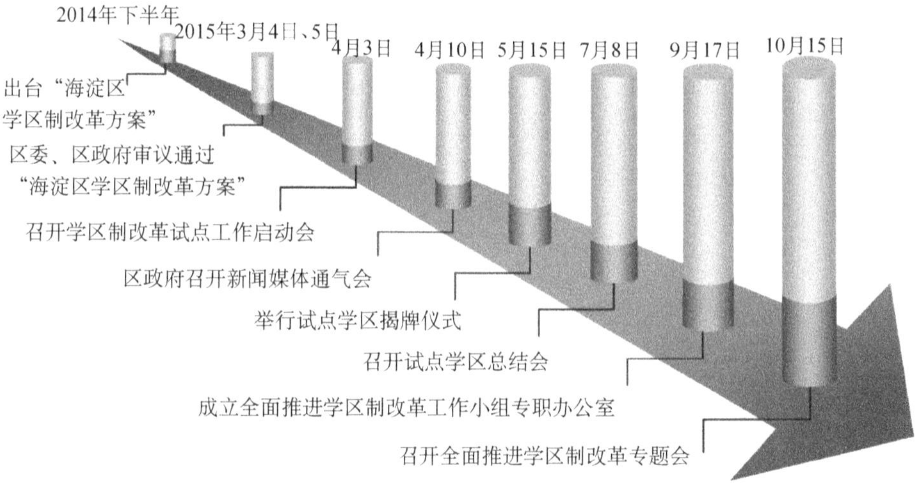

图 4-2　海淀区学区制改革大事记（2014—2015 年）

资料来源：海淀区学区制改革工作小组专职办公室. 海淀区学区制改革专刊（内部资料）. 2015 年 11 月 6 日

第二，制定标准，划分出 17 个学区。2015 年，海淀区在深化教育领域综合改革过程中打出了一套“组合拳”。学区制改革作为“重拳”之一，自启动以来，就广受各级领导、学校、媒体和社会的关注。海淀区的学区化管理是通过学区制改革来推动的。推行学区制改革遇到的首要问题就是如何划分学区。海淀区划分学区的思路如下：在原有的基础上调整学区覆盖面，拓展学区的教育职能。海淀区教育委员会相关领导表示，海淀区学区是根据一定的行政区划，按照地理位置相对集中、办学水平大致均衡的原则，将地区内中小学及相关教育资源单位结合成片，划分为若干个组团，是规划事业、调配资源、方便就学的教育治理单元。[①]具体划分学区的原则有五个：一是与街镇行政区划界限重合的原则；二是学区间规模大致相当的原则；三是按照最新的布局调整情况划分的原则；四是年级部制校区与本校所在学区一致的原则；五是学校数量依据独立法人资格计算的原则。海淀区在原有“区教委-学区-小学”的三级管理体制的基础上，将小学 12 个学区重新调整划分为 17 个

① 海淀区学区制改革工作小组专职办公室，海淀区学区制改革专刊（内部资料）.2015 年 11 月 6 日

学区，对应 29 个街镇（表 4-2）。学区间的优质教育资源分布合理、相对均衡。海淀区的中小学数量很多，2015 年超过了 200 所，海淀区将其划分成学区管理，更有利于使管理精细化。

表 4-2 海淀区 17 个学区所属学校划分情况

学区名称	街道名称	小学	中学
1. 羊坊店学区	羊坊店	七一小学	玉渊潭中学
		羊坊店第四小学	五十七中
		羊坊店中心小学	中国人民大学附属中学翠微学校
		羊坊店中心小学分校	中国人民大学附属中学翠微学校卫国校区
		羊坊店第五小学	育鸿学校
		翠微小学本部	
		翠微小学西校区	
		翠微小学东校区	
		育鸿学校	
2. 万寿路学区	万寿路	五一小学本部	太平路中学
		培英小学	育英中学
		太平路小学	育英中学西翠路校区
		太平路小学分校	育英中学翠微路校区
		西翠路小学	北京十一学校
		育英学校小学部本部	北京十一学校一分校中学部
		育英学校小学部紫金长安校区	育英学校中学部
		北京十一学校一分校小学部	建华实验学校中学部
		建华实验学校小学部	
3. 永定路学区	田村	玉泉小学本部	永定路中学
		玉泉小学北校区	首都师范大学附属中学一分校
		玉泉路小学中国科技大学校区	

续表

学区名称	街道名称	小学	中学
3. 永定路学区	田村	北京教育学院附属海淀实验小学	
		五一小学晋元庄校区	
		首都师范大学附属小学柳明校区	
	永定路	北京市海淀区图强第二小学	
4. 紫竹院学区	紫竹院	北京外国语大学附属小学本部	北京外国语大学附属中学
		北京外国语大学附属小学魏公村校区	北京理工大学附属中学
		海淀实验小学苏州街校区	中国人民大学附属中学
		海淀实验小学北洼路校区	
		北京理工大学附属中学小学部	
		北京理工大学附属小学	
	甘家口	海淀区花园村第二小学	首都师范大学第二附属中学
		海淀区花园村第二小学北校区	首都师范大学第二附属中学曙光校区
		首都师范大学实验小学	北京市海淀实验中学
		北京市海淀区二里沟中心小学建设部校区	北京实验学校（海淀）中学部
		北京实验学校（海淀）小学部	北京理工大学附属中学分校
5. 八里庄学区	八里庄	定慧里小学	六一中学
		海淀区实验小学本部	北京市海淀区教师进修学校附属实验学校南校区
		海淀区实验小学阜成路校区	首都师范大学附属中学
		亮甲店小学	二十一世纪实验学校中学部

续表

学区名称	街道名称	小学	中学
5. 八里庄学区	八里庄	亮甲店小学西校区	
		六一小学	
		八里庄小学	
		二十一世纪实验学校小学部	
	曙光	万泉小学曙光校区	首都师范大学附属中学北校区
		中国人民大学附属小学本部	中国人民大学附属中学第二分校
		中国人民大学附属小学银燕校区	
6. 四季青学区	四季青镇	首都师范大学附属小学本部	首都师范大学附属玉泉学校中学部
		首都师范大学附属玉泉学校小学部	尚丽外国语学校中学部
		海淀区第四实验小学	北京市清华育才实验学校
		北京市海淀区教师进修学校附属实验小学本部	北京市师达中学
		北京市海淀区教师进修学校附属实验小学北辛庄校区	北京市海淀外国语实验学校中学部
		北京市海淀区教师进修学校附属实验小学西冉校区	海淀国际学校中学部
		海淀外国语实验学校小学部	
		海淀国际学校小学部	
		尚丽外国语学校小学部	
		北京市海淀区行知实验学校双槐树校区	
	香山	四王府小学	北京大学附属中学香山学校
		香山小学	
7. 北太平庄学区	北太平庄	北京市海淀区星火小学	北京市中关村中学分校
		北京市海淀区今典小学（2015 年更名为北京邮电大学附属小学）	北京交通大学附属中学分校

续表

学区名称	街道名称	小学	中学
7. 北太平庄学区	北太平庄	北京市海淀区今典小学文慧园校区	北京师范大学第三附属中学
		北京市海淀区学院路小学	北京师范大学第三附属中学南校区
		北京师范大学实验小学	
	北下关	中国农业科学院附属小学明光路校区	北京交通大学附属中学
		中国农业科学院附属小学政法路校区	北京交通大学附属中学二分校
		中国农业科学院附属小学本部	中国人民大学附属中学分校
		中国农业科学院附属小学北校区	
		中国农业科学院附属小学气象路校区	
		北京交通大学附属小学	
		北京交通大学附属小学北校区	
8. 花园路学区	花园路	北京市海淀区前进小学	北京交通大学附属中学东校区
		北京市海淀区民族小学	北京航空航天大学实验学校中学部
		北京市海淀区民族小学北校区	北京医学院附属中学（北京大学附属中学承办）
		北京医科大学附属小学	北京市第三聋人学校
		北京医科大学附属小学南校区	
		北京市海淀区九一小学	
		北京市海淀区九一小学西校区	
		北京航空航天大学实验学校小学部	
9. 海淀学区	海淀	西颐小学	北京市第十九中学
		万泉小学本部	北京市八一学校本部
		中关村第三小学万柳校区	北京市八一学校万泉河校区

续表

学区名称	街道名称	小学	中学
9. 海淀学区	海淀	中关村第三小学华联校区	中国人民大学附属中学
		万泉河小学	海淀区培智中心学校
		北京市八一学校小学部	
		北京市海淀区六郎庄小学本部	
		北京市海淀区六郎庄小学西苑校区	
10. 中关村学区	中关村	中关村第一小学本部	北京市知春里中学
		中关村第二小学本部	北京市中关村中学
		中关村第二小学华清校区	北京市中关村中学清华园校区
		中关村第四小学	北京市中关村中学双榆树校区
		北京市海淀区双榆树第一小学	北京大学附属中学
		双榆树中心小学	北京市一〇一实验学校
		中国人民大学附属中学实验小学	北京一〇一中学初中部
		北京市中科启元学校	
11. 青龙桥学区	青龙桥	中关村第三小学红山校区	清华大学附属中学上地学校
		培星小学本部	八一学校附属玉泉中学
		培星小学北校区	北京一〇一中学
		西苑小学	北京市清华志清中学
		北京市海淀区肖家河小学	
		北京市海淀区肖家河小学树村校区	
	马连洼	北京市中关村第一小学党校校区	北京农业大学附属中学
		北京市中关村第一小学天秀校区	中国人民大学附属中学西山学校
		北京市中关村第二小学百旺校区	崛起双语实验学校中学部

续表

学区名称	街道名称	小学	中学
11. 青龙桥学区	马连洼	东北旺中心小学	
		中国农业大学附属小学	
		崛起双语实验学校小学部	
12. 上地学区	上地	上地实验小学	上地实验学校
		北京市海淀区清河第五小学	
	清华园	清华大学附属小学	清华大学附属中学
		清华大学附属实验学校小学部	清华大学附属实验学校中学部
	燕园	北京大学附属小学	北京市北达资源中学
13. 学院路学区	学院路	北京石油学院附属小学本部	北京石油学院附属中学
		北京石油学院附属小学二里庄校区	中国地质大学附属中学
		北京石油学院附属小学志新校区	中国矿业大学附属中学
		中国农业大学附属实验小学	中国科学技术大学附属中学
		海淀区第三实验小学北校区	
		海淀区第三实验小学南校区	
		北京市海淀区清华东路小学	
		北京科技大学附属小学	
		北京林业大学附属小学	
	东升镇	北京市海淀区东升实验小学	
14. 清河学区	清河	北京市海淀区第二实验小学本部	北京市第二十中学
		北京市海淀区第二实验小学清宁校区	北京市清河中学
		北京市海淀区第二实验小学当代校区	北京外国语大学附属外国语学校中学部

续表

学区名称	街道名称	小学	中学
14. 清河学区	清河	北京市海淀区第二实验小学朱房校区	
		北京市海淀区清河第一小学	
		北京市海淀区清河第一小学分校	
		北京市海淀区西二旗小学	
		北京外国语大学附属外国语学校小学部	
15. 西三旗学区	东升镇	北京石油学院附属实验小学	
		北京石油学院附属第二实验小学	
	西三旗	育鹰小学东校区	首都师范大学附属育新学校中学部
		育鹰小学西校区	北京中关村外国语学校
		北京市海淀区清河第四小学	北京市第二十中学附属实验学校中学部
		永泰小学本部	
		永泰小学清缘里校区	
		北京市海淀区枫丹实验小学	
		北京市第二十中学附属实验学校小学部	
		首都师范大学附属育新学校小学部	
		北京中关村外国语学校小学部	
16. 上庄西北旺学区	西北旺镇	红英小学本部	清华大学附属中学永丰学校中学部
		红英小学唐家岭校区	
		红英小学六里屯校区	
		红英小学冷泉校区	
		永丰镇中心小学本部	
		永丰镇中心小学屯佃校区	

续表

学区名称	街道名称	小学	中学
16. 上庄西北旺学区	西北旺镇	永丰镇中心小学宏丰校区	
		清华大学附属中学永丰学校小学部	
		北京市海淀区科技园小学西玉河校区	
		北京市海淀区科技园小学大牛坊校区	
	上庄镇	北京市海淀区翠湖小学白水洼校区	北京市上庄中学
		北京市海淀区翠湖小学前章村校区	清华大学附属中学上庄学校
		北京市海淀区上庄中心小学本部	
		北京市海淀区上庄中心小学东马坊校区	
		上地实验小学上庄校区	
		北京市海淀区振兴小学梅所屯校区	
17. 温泉苏家坨学区	温泉镇	翠微小学温泉校区	北京市温泉第二中学
		翠微小学白家疃校区	北京一〇一中学温泉校区
		北京市海淀区和平小学本部	北京市海淀寄读学校
		北京市海淀区和平小学东埠头校区	
		北京市海淀区和平小学辛庄校区	
	苏家坨	北京市海淀区台头小学本部	北京市第四十七中学
		北京市海淀区台头小学红星校区	北京市海淀北部新区实验学校中学部
		北京市海淀区北安河中心小学本部	北京科迪实验中学
		北京市海淀区北安河中心小学周家巷校区	

续表

学区名称	街道名称	小学	中学
17. 温泉苏家坨学区	苏家坨	北京市海淀区苏家坨中心小学本部	
		北京市海淀区苏家坨中心小学苏三四校区	
		北京市海淀北部新区实验学校小学部	

资料来源：此表内容由北京市教育委员会提供

海淀区教育委员会对域内17个学区的职能定位是:学区是教育委员会的助手，也是学校的帮手。海淀区教育委员会在《2016年工作总结和2017年工作计划》中明确表示，要深化学区制改革，“发挥学区在党建、招生、课程、师资、设施、教科研等方面的统筹协调作用，完善职能部门建设，探索学区质量监测、督导评价体系，凝聚属地街镇、教委、资源单位和学校力量，形成‘全社会共同参与办教育’的合力，构建新型区域教育治理体系”①。

第三，成立学区委员会，负责学区事务。首先，学区委员会为议事机构，主任委员由街镇主要负责人或分管领导担任，委员由社会名流、中小学校长、家长代表及相关资源单位代表担任。其次，学区委员会定期召开联席会议，研究学区义务教育优质均衡发展思路，以及资源统筹、随迁子女入学资格审核等重大事项，协调学校和街镇、社区的关系。最后，学区委员会下设学区管理中心。学区管理中心是隶属于海淀区教育行政部门的独立法人机构，是教育行政部门、学校、社区之间的重要枢纽。学区管理中心下设发展规划部、教育教学部和资源统筹部，详见图4-3。

海淀区学区管理中心的职能如下：统筹规划区域教育改革与发展，组织学区地域内各界人士协商共治；统筹协调学区内义务教育阶段的入学工作，切实保证适龄儿童少年免试就近入学；组织开展学区内中小学教育教学交流研讨；配合区政府教育督导室开展督导评估和质量评价工作；统筹学区内各类教育资源，推进学区内的

① 海淀区教育委员会. 2016年工作总结和2017年工作计划. http://www.bjhd.gov.cn/zfxxgk/auto4489_51785/auto4489_52222/auto4489_52224/201810/t20181003_3504618.shtml[2021-06-13].

设施、课程、师资资源共享。[1]因此，学区管理中心的职能定位可以概括为：“统筹、规划、组织、协调、服务。”[2]

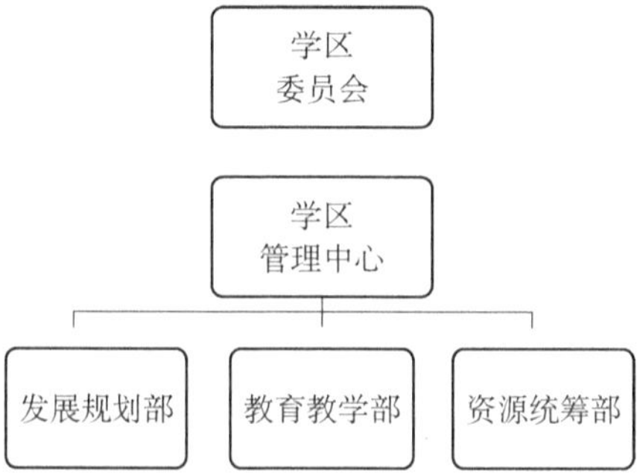

图 4-3 海淀区学区管理架构

资料来源：海淀区学区制改革工作小组专职办公室. 2015. 海淀区学区制改革专刊（内部资料）. 2015 年 11 月 6 日，第 3 版

发展规划部的职能如下：调查研究学区内教育现状，整体规划学区教育事业发展并提出合理化建议，促进学区整体优质均衡、特色发展；统筹区域内义务教育阶段适龄儿童少年入学工作，保证学区内适龄儿童少年接受义务教育，做好学籍管理工作。[3]

教育教学部的职能如下：引领、推广先进的教育教学理念，开展区域内教育教学研讨活动；服务、支持学校做好三级课程建设，开发符合区域特征的特色课程资源；加强学区内干部教师队伍建设，协助主管部门落实干部教师的流动和骨干教师考核工作；配合区政府教育督导室对学区内学校开展督导评估和质量评价工作，提升学校的教育教学质量。[4]

资源统筹部的职能如下：统筹各级各类教育资源，构建并完善区域资源共享应

---

① 海淀区学区制改革工作小组专职办公室. 海淀区学区制改革专刊（内部资料）. 2015 年 11 月 6 日，第 3 版.

② 海淀区学区制改革工作小组专职办公室. 海淀区学区制改革专刊（内部资料）. 2015 年 11 月 6 日，第 4 版.

③ 海淀区学区制改革工作小组专职办公室. 海淀区学区制改革专刊（内部资料）. 2015 年 11 月 6 日，第 3 版.

④ 海淀区学区制改革工作小组专职办公室. 海淀区学区制改革专刊（内部资料）. 2015 年 11 月 6 日，第 3 版.

用平台；强化学校和驻区单位各类硬件教育资源的整合利用，建立资源融通机制；加强内部管理制度建设，保障学区管理中心日常工作的正常开展。[①]

海淀区的学区制改革和北京市其他区的学区制改革有很大的不同。海淀区各学区是具有独立法人身份的机构。海淀区各学区的组织架构分为两级，学区管理中心最初设定为 15 个编制；发展规划部、教育教学部和资源统筹部三个部门属于学区管理中心下设的二级单位。学区委员会是一个虚设的议事机构，虽然是非实体的，但是要求办实事。

（二）招生入学，多措并举

第一，因地制宜划分入学片区，可以跨学区入学。一是针对学区制改革后初中入学是否只能限制在学区内这一广受关注的热点问题，海淀区教育委员会表示，由于海淀区的教育生态丰富，不同学区的优质中学教育资源分布不够均衡，因此将来小升初，海淀区各学区之间不会实行“锁区”，优质中学的教育资源仍然会辐射到周边学区和学校。二是海淀区各中学的小升初派位区域仍将保持基本稳定，即一旦划分招生入学的片区，便会在很长一段时间保持稳定。三是除大派位外，海淀区小升初还有多条合规渠道，可以不受学区的限制，比如，特长生招生、初中寄宿制公办学校和民办学校等。这些政策将随着北京市教育委员会的相关要求而决定取舍。四是海淀区通过多种办学方式并举的形式，满足学区学生的就学需求。2015 年，海淀区有 16 所公办中学具有招收寄宿初中生的资格，民办中学共有 14 所，其中很多都是办学质量、社会认可度较高的知名中学，都可以面向全区招收小学毕业生。

第二，在“幼升小”方面，海淀区各个小学的划片范围基本保持不变。据海淀区相关领导介绍，在总结羊坊店学区和温泉苏家坨学区两个试点学区经验的基础上，2015 年，海淀区学区制改革已经进入了全面推进阶段，其他 15 个学区在 2015 年 12 月底前全部成立。

---

① 海淀区学区制改革工作小组专职办公室. 海淀区学区制改革专刊（内部资料）. 2015 年 11 月 6 日，第 3 版.

第三，就近入学与提升中小学教育品质相结合。2016 年 3 月，海淀区启动了“新品牌学校建设工程”“新优质学校建设工程”，2017 年共评审认定 19 所新品牌学校、23 所新优质学校。海淀区通过这一方式打造了一批又一批的优质学校，以满足各学区居民就近上好学的教育需求。

（三）构建学区内优质教育资源共享机制

第一，构建优质师资共享机制。2015 年，海淀区进行学区制改革之初，域内中小学教师的特点是总量缺口大、职业压力大、优秀人才紧缺、教师流动性大。海淀区面临吸引更多优秀人才任教的任务。为此，2016 年，海淀区“创新教育人才管理机制，启动教育人才储备库改革，通过体制机制创新，探索建立区聘校用、动态调剂的非编制教育人才管理新制度”（陆云泉，2018）。海淀区以学区、集团为单位建立健全教师资源统筹机制，分层次、分学科有序推进师资调配，开展教师交流。学区没有强制调配教师的职能，但是有统筹使用教师的协调功能。

第二，建立课程共享机制。课程是教育的载体，海淀区鼓励学区建立优质课程共享机制。一是打通学校边界，探索跨学校、跨学段、跨学科的整体育人模式；二是充分发挥海淀区教研、科研的品牌优势，建成一批学科教研基地和课程建设基地校，为学生时时学习、个性学习提供课程、资源和环境支撑；三是鼓励学校进行管理机制、课程整合与实施、教学模式等方面的创新。例如，北京十一学校的选课走班制、中关村第三小学的 3.0 未来学形态，都在学区内进行过宣讲和示范。

第三，建立硬件设备设施共享机制。海淀区积极号召各学区统筹学区内中小学的硬件资源，合理安排其在学区内跨校使用的时间表，对学校空间资源进行统筹，以实现域内硬件教育资源使用效益的最大化。

（四）以学区为抓手构建现代治理体系

海淀区自实施学区制改革起，便十分注重在横向上建立政府、学校和社会之间的新型关系，构建区域教育资源统筹和共建共享的新机制。海淀区致力于“不断优化学区职能，充分发挥学区的统筹、协调、服务作用，加强区域教育精细化管理，探索构建学区、街镇、驻区单位互动共享、协商共治的长效工作机制，不断提升教育治理能力和水平”（陆云泉，2018），也就是建立协商共治的新型教育治理体系。

海淀区的各学区委员会成员由街镇领导、中小学校长、驻区相关单位代表、家长代表等组成，协商学区内义务教育改革、发展、稳定等重大事项。海淀区学区委员会比传统的教育行政组织具有更强的开放性和包容性，为区域教育治理提供了场域和平台。来自各方面的领导和代表作为协商共治区域教育的一分子，对地方教育更加关心和投入。

（五）建立学区管理评估机制

良好管理体系的建立离不开必要的监督与管理。为了保证各学区顺利履行自身的职责，海淀区教育行政部门会对各学区的工作情况进行年度评估，评估内容主要包括学区内和学区间资源整合利用情况、学区内校际均衡发展情况、学校特色发展情况和家长对学生就近入学的满意情况等。

（六）建立学区管理完善机制

为了能够不断实现自我完善，海淀区鼓励各学区构建完善自身管理的工作机制。学区制改革启动之初，海淀区就将学区管理职能主要定位在学区教育发展规划制定、资源统筹和教育教学交流及研讨等方面。随着改革的不断深入，结合各学区探索积累的实践经验，海淀区不断调整、完善学区的职能定位和运行机制，切实发挥了学区作为海淀区教育委员会的“助手”和学校的“帮手”的功能，促进海淀区的教育朝着优质均衡的方向发展。为了能够更好地实现自身职能定位，海淀区部分学区在学区委员会和学区管理中心的框架下，尝试将更多的驻区单位纳入治理体系。例如，位于东北部地区的西三旗学区就成立了西三旗地区教育联盟，将政府部门，区域内的中小学、幼儿园、校外教育机构、大中专院校、民办大学、地方教育机构，以及驻区的部队、企业、科研院所，全部纳入联盟成员单位，进一步推动地区资源整合优化，加强校企、校地深度合作，促进教育体系科学发展，全面提升地区教育发展质量，打造西三旗地区优质教育品牌，全面提升地区教育发展质量，提高地区教育服务经济社会发展的能力。

三、海淀区学区制改革的效果

海淀区的学区制改革无疑是我国学区化管理中前瞻性的探索，前期认真的规划与设计以及区委、区政府的大力支持，都决定了其改革的成就必然是显著的。但是由于固有的传统教育行政体系依然发挥着巨大的效力，海淀区的学区制改革也遇到了难以突破的瓶颈。

（一）取得的成就

海淀区的学区制改革是在消费观引导下的教育共进，不仅立足于产能的整体提升，更是真正为群众服务的前瞻性的探索，是变“学校供给”为“区域供给”的有益尝试。

第一，改革受到各方好评。海淀区相关领导反馈，北京市各界对海淀区的学区制改革给予了高度评价。一是北京市教育委员会对海淀区的改革给予了肯定。2016年3月11日，北京市教育委员会主任线联平到海淀教育书院调研海淀区的教育改革工作，在听取以温泉苏家坨学区为代表的海淀区的17个学区进行汇报后给予肯定，他认为“海淀区的学区制改革是教育管理上的突破，它拓宽了教育管理的领域，使它不再局限于教育部门，而是与地方政府结合，实现了资源整合，使学区的力量更加强大，管理形式更加灵活”。二是社会各界对海淀区的学区制改革给予了较高的评价。这主要表现在试行学区制后，由于域内许多学区在入学管理上力争满足每一户家庭的入学需求，入学期间，海淀区小学投诉量大大下降，为海淀区学区制改革赢得了口碑。三是域内学校对学区制改革给予了肯定。在学区管理委员会的领导下，在学区管理中心的积极实践探索过程中，海淀区的域内学校教育资源共享水平有了极大提高，这为学校丰富课程、提升师资水平、拓展活动场所提供了实质性的助力。

第二，探索出具有一定普适性的教育治理模式。利益相关人群组成学区委员会，充分发挥了现代教育治理的功能。一是实现了海淀区各方面领导为教育而奔走。例如，2016 年“六一”儿童节，海淀区学院路街道党工委的主要领导带着其他工作人员来到北京科技大学附属中学、北京石油学院附属小学、清华东路小学给孩子们送去节日的祝福和问候。再如，在高考、中考前夕，海淀区各层级工委与各学区负责人检查了街道内的各个考点，表示街道会协同其他职能部门治理好考试期间的周边环境，为考生创设良好的考试环境。街道党工委的主要领导还有另外一个身份，就是学区委员会的委员，他们充分行使教育职权，为治下学区的教育发展负责。二是一旦各学区教育出现问题，便会有相关部门及时解决。例如，许多街道相关人员表示，学区成立后，地方政府支持区域教育发展终于找到了落脚点。各街道和地方政府通过多种途径关心和支持区域教育发展。例如，开展义务教育入学摸底调研、入户调查、五证联审等工作，街镇与学区配合得很默契；“六一”儿童节，街镇向各校赠书；教师节期间，街镇走进学校，组织座谈、研讨、慰问等活动。另外，还有一些街镇在经费投入上对区域教育发展给予了大力支持。

（二）存在的问题

海淀区学区制改革遇到的最大障碍就是支持和保障水平越来越低，主要表现在以下几个方面。

第一，编制供应停滞。海淀区委、区政府最初给每个学区的事业编制数量为 15 个，但是随着改革的深入推进，2019 年底，海淀区决定对学区工作进行调整，其中一项就是裁减既定学区编制。裁减的方式定为保留学区已使用的编制，将未使用的编制收回。这一操作使得各学区的编制数量参差不齐。例如，中关村保留编制数量为 12 个，而清河学区却只有 8 个，这对未来的学区管理会产生很大的影响。前期用编数量并不完全是由需求决定的，更多的是主管领导对用人条件的把控使然。后期深入开展工作时，部分学区将面临专业工作人员不足的局限。

第二，经费投入与使用受限。学区办公经费虽然能够得到保障，但是受限于学区最初的功能定位，类似于课程开发等工作便不能再得到支持。海淀区对学区经费的配置受诸多因素的限制，其中受财政部门和巡视制度的影响很大，缺乏灵活性。例如，海淀区青龙桥学区管理中心与学区内中国医学科学院药用植物研究所和中国中医科学院西苑医院等单位合作，开发了覆盖义务教育全学段的“中草药与传统文化”课程，补充了学区内综合实践活动课程资源，保证学区内的中小学生可以“同上一门课”，创新课程共享机制，使薄弱学校的课程资源更加丰富。但是，2019 年海淀区对各学区进行财务审计时则提出未来将取消课程开发方面的财政拨款，理由是学区没有“课程开发”这项职能。这意味着已有的课程开发将停滞，其使用也将受到限制。

第三，对学区制改革的督导评估较为滞后。学区工作开展得如何，海淀区教育委员会、海淀区教育工作委员会以及海淀区教育督导办公室对学区工作的检查没有建立客观、统一的标准，这与学区功能定位尚不是十分明确有很大关系。

第三节　越秀区立体交叉模式的学区制改革[①]

越秀区是我国较早推行学区制改革的一个区。受到对学区制的认识的制约，不同历史时期越秀区教育行政管理者对越秀区的学区制的设计有所区别。越秀区现

① 除特别注明，本节数据皆由越秀区教育局提供。

行的学区制是既有平面学区，即在同一学段内划分学区，也有立体学区，即跨学段成立的学区，两种学区并行，而且在两种学区推行的过程中，中间一个阶段还进行了集团化办学的探索。因此，越秀区教育局将自身的学区制改革界定为立体交叉模式。

一、越秀区学区制改革的背景

广州市越秀区是广州市的中心城区，素以“千年商都”发源地闻名。同时，越秀区也是广州公共服务的中心。截止到 2018 年 8 月，辖区内拥有中小学和幼儿园 200 多所，区属省、市一级学校比例达 85%以上，拥有百年老校 13 所。越秀区先后获评“全国区域教育发展特色示范区”、“全国义务教育发展基本均衡区”、广东省首批“教育强区”、首个“广东省教育综合改革实验区”、“广东省推进教育现代化先进区”等荣誉。

现在的越秀区由原越秀、东山两区合并而成，即使在广府腹地，也会面临区内教育发展不平衡的难题。新并入的北部和西北部区域处于城乡接合部，与传统强区有较大差异。因此，从 2007 年起，越秀区推行学区化管理模式，是广州市首个全面推进学区管理模式的城区。

越秀区进行学区制改革既是顺应时代潮流、响应国家号召，同时也有其自身必须要改革的客观需求。一是作为老城区的越秀区，“老小旧”的学校特别多，学校用地常年无一能达标，师资老化越来越严重，这些问题困扰着越秀区的教育发展，生源流失越来越严重。为了破解诸多难题，越秀区选择了学区制改革。二是作为广州市的中心城区，解决区域内优质教育资源均衡配置与发展问题，对越秀区来说则显得更为重要。鉴于此，越秀区相关部门认为，有必要结合实际构建学区管理模式，从区域和学区两个层面入手整合各种教育资源，为各学校发展提供平台，提高区域内优质教育资源的使用效益，促进教育优质均衡发展 。

二、越秀区学区制改革的举措

越秀区的学区制改革经历了“平面学区”“立体学区”两个发展阶段。在这两个阶段之间，越秀区又积极推进集团化办学。在各个阶段的改革探索中，越秀区关注的焦点问题是如何建立优质教育资源共建共享机制。立体学区以优质均衡为主题、资源共享为主线、学校发展为主导，学区各成员校积极寻求校际合作，实行资源协同、课题共研、课程共建、人才共享、生源衔接五大机制。

（一）从“平面”到“立体”的构建历程

第一阶段：构建平面学区。2007 年 9 月起，启动平面学区试点建设，2008 年 10 月起全面铺开，设立了 4 个中学学区和 6 个小学学区。平面学区是由不同层次且地理位置相对集中的若干所同学段学校组成的协作体。学区管理模式是由教育行政机构、学区学校及教科研培训部门共同组织策划的整合教育资源，实行人才交流、资源共享、搭建发展平台、促进教育均衡发展的一种教育管理机制。

第二阶段：组建教育集团。为了促进教育资源的深度融合，2013 年 4 月，成立了广州育才教育集团，以“红棉文化”为基础。2014 年 12 月，成立了培正教育集团，以“善正文化”为基础。两个集团于 2016 年 9 月实行扩大化。2018 年 9 月，成立了广东实验中学越秀教育集团。教育集团以文化为引领，通过交流协作和优势互补达到合作共赢的目的。

第三阶段：成立立体学区。2016 年 9 月，启动立体学区试点工作，对原平面学区分组进行调整。越秀区教育的发展注重规模与内涵兼顾、优质与均衡并重，其中立体学区试点建设工作是越秀区推进教育综合改革实验的亮点工作之一。经过两年的探索，立体学区试点形成了以中学组、小学一组、小学二组三个小组为核心，横向上组成了平面交流协作共同体，纵向上以课题共研、课程共建、活动共享、特色项目对接、直升生招生等项目试点为改革抓手，分批次、有重点地促进合作交流、贯通中小学段衔接的格局。各成员校进一步建立学区思维，积极寻求校际合作，经过移植、磨合迈入了合成的新阶段。

立体学区的构建遵循地理位置相对就近、办学水平大体均衡的原则，从按照相同学段划分学区的扁平化管理，逐步过渡到打破中小学学段限制、增强纵向交流、衔接中小学教育的立体化管理模式。越秀区于 2016 年 9 月组建了以广州市第三中学为牵头校，由朝天小学等 17 所区辖中小学组成的立体学区。这 17 所学校中有中学 7 所，小学 10 所。其中，中学分别是广州市第三中学、广州市知用中学、广州市第十中学、广州市长堤真光中学、广州市第三十七中学、广州市第八十二中学、明德实验学校。小学分别是朝天小学、旧部前小学、净慧体校、回民小学、八一希望学校、真光小学、海珠中路小学、满族小学、七株榕小学、惠福西路小学。

开展试点工作后，1 所中学和 1 所小学合并为九年一贯制学校，2019 年 7 月，成员校变为 16 所。在成员校中，有 1 所国家级示范性高中、1 所完全中学、1 所九年一贯制学校、3 所公办初级中学、1 所民办初级中学和 9 所小学。立体学区隶属于越秀区教育局管理，学区内各成员单位组成资源共享、合作交流及共同发展的协作联盟体，成员单位的独立法人地位不变。

立体学区具有三级组织架构。首先，为实施有效管理，越秀区教育局成立了立体学区试点工作领导小组、联席会议和常设机构（联席会议办公室）三级组织架构，区教育局局长担任领导小组组长。领导小组和联席会议是集团的决策和管理机构。联席会议的主要职责为对立体学区试点工作的工作目标、工作计划及组织管理进行规划，并监督会议决策的实施。常设机构的主要职责为落实领导小组和联席会议的决策，收集、整理、提交建议，开展立体学区日常工作。其次，设立学区小组层面的领导小组和专项工作组。各小组根据工作的实际需要，建立了小组内的学区建设工作领导小组和成员校专项工作组。由组长校校长担任组长，其他成员校校长担任副组长，分管专项工作的副校长或主任担任组员。学区建设工作领导小组主要负责统筹领导立体学区建设工作，研究制定建设规划，听取建设情况汇报，协调解决工作中遇到的问题。对于学区工作，实行专人专项负责制。最后，构建立体学区管理层多元化的沟通交流机制。一是通过线下联席会议加强各组的联系，落实学区工作。各组定期召开联席会议，就教师交流、学生活动、特色项目组建等进行交流。二是通过线上工作群高效地进行学区内的通知传达、工作布置、意见交流等。三是结合日常工作安排，不定期地开展教育局与各成员校、各成员校之间的交流。

（二）探索学区内招生一体、升学多元选择机制

越秀区小学入学基本上是坚持就近入学，小升初入学则是形式多样。首先，越秀区认真落实国家制定的义务教育招生政策，以学区为单位，统筹开展学区内适龄儿童少年入学情况排查摸底，探索学区一体化招生模式，开展直升派位和特色项目对接，不断建立和完善学区内部升学发展的多元机制。一是学区内学生自愿报名。二是中学设立直升实验班、配套一体化实验课程开发，开展学区内直升实验，保障适龄儿童少年就近对口入学。三是 2017 年立体学区首次尝试实施小升初直升电脑派位，共有 750 名小学毕业生申请参加。直升派位工作的开展有序，实现了零投诉。2018 年，继续推进此举，为立体学区内的小学毕业生提供了更多的升学渠道，有利于促进区域内学校的均衡和多元化发展，直升派位已形成常态化机制。四是为了保持生源稳定，越秀区原则上不再办理同一学区内的转学。2021 年，越秀区在小学阶段有 6 个学区、53 所学校，分别是第一、第二、第三、第四、第五学区和立体学区，每个学区有地理位置相近的 6～10 所学校，详情见表 4-3。

表 4-3　越秀区小学学区学校划分情况（2021 年暂行）

学区	学校
第一学区	东山培正小学、铁一小学、署前路小学、五羊小学、东山实验小学、八一实验学校（小学部）、大沙头小学、杨箕小学、中山二路小学
第二学区	文德路小学、东川路小学、红火炬小学、永曜北小学、八旗二马路小学、清水濠小学、珠光路小学、秉正小学、大南路小学
第三学区	东风东路小学、育才学校、水荫路小学、先烈中路小学、农林下路小学、执信南路小学、中山三路小学、豪贤路小学、雅荷塘小学
第四学区	中星小学、黄花小学、登峰小学、华侨外国语学校（小学部）、环市路小学、建设大马路小学、建设六马路小学、云山小学、养正小学、七中实验学校（小学部）
第五学区	小北路小学、东风西路小学、桂花岗小学、瑶台小学、广中路小学、沙涌南小学
立体学区	朝天小学、旧部前小学、净慧体校、回民小学、八一希望学校、真光学校（小学部）、海珠中路小学、满族小学、七株榕小学、惠福西路小学

资料来源：本表内容由越秀区教育局提供

其次，越秀区小学毕业生升入初中有三种形式。一是直升。小学与初中联合招生。中学设立实验班，配套开发一体化实验课程。二是电脑派位。采取自愿报名的形式参与。三是小学毕业生可以在区外择校，不受限制，尊重学生的教育选择权。

再次，设立直升实验班，开展学区内直升实验。例如，位于越秀区的广州市知用中学设立了立体学区实验班，并举行现场展示会。广州市第三十七中学和广州市第八十二中学设立了含直升生的实验班，由广州市第三中学输送骨干教师开展联合培养，反响较好。

最后，越秀区将招生与培养联系起来，构建了各学段衔接机制。一是越秀区重视学区小学与中学教育教学及学生的学习生活衔接，协同开展相关研究，开展小学生走进中学校园和中学老师走进小学等多种活动。学区定期开展教育教学质量监测分析和反馈，通过对来源于不同小学的学生学业水平、学习能力和行为习惯的跟踪分析研究，推动小学教育教学改革，帮助小学提高教育教学水平。二是成员校在共建课程的过程中探索特色项目对接和特长项目延续。例如，第三中学和惠福西路小学均为毽球运动示范学校，惠福西路小学毽球队利用课后、周六日及寒暑假时间，借用广州市第三中学的场地与第三中学的毽球队一起联合开展毽球训练，实现了学校毽球项目的中小学特色对接；第三中学与旧部前小学地缘相近，第三中学教师定期到旧部前小学开展中小学衔接课程，为小学高年级学生提前接触、了解中学提供了机会；学区内小学六年级师生也借开放日、学区展示活动等机会到学区内中学参与中学特色课程体验活动，了解中学的教学模式和校园文化，增进对不同学段的认知。

（三）建立学校硬件资源共享机制

截止到 2018 年 8 月，越秀区只有第三中学一所学校有 400 米环形跑道，其他学校的操场用地不达标者居多。如果不是通过学区化管理实现了资源共享，许多中小学没有办法举办“像样子”的运动会。即便如此，第三中学的设施设备，如学术报告厅、体育馆和 400 米运动场还是供不应求。目前，其是以学校间“借用”的形式，由第三中学来统筹安排使用，未来则希望教育局统筹安排使用。

（四）构建优质课程资源共享机制

一是越秀区组建了“立体学区课程研发中心”，探索学区“一体化”课程研发机制。例如，2018 年 4 月，越秀区成立了“立体学区 STEAM 教育联盟”，构建了由立体学区、科研机构及中国人民大学教育志愿者组成的课程创新协作体，探索打造具有越秀区特色的 STEAM 课程及评价体系。再如，中学组部分成员校分别成立了学校的课程研发中心，制定具有学区特色的课程结构体系，研究与探索生涯规划、生命教育、学法指导（元认知能力提升）、优秀传统文化等学区课程开发。在课程建设中，师资不足时，可以跨校借用教师。二是每学期越秀区都会制定立体学区精品活动汇总表，共享优质活动、讲座，全程进行网络直播。三是各成员校积极分享学校活动，吸引兄弟学校参与，如广州市第三十七中学举办了“书香校园”系列活动；广州市第八十二中学弘扬民族精神，展现青春风采，举行了“成长西花园，追逐青春梦”校园合唱节活动；满族小学举办了“听书声品味经典”读书节活动；真光中学举办了“书香学区‘越’读越精彩，‘悦’读人生”读书节活动；海珠中路小学举办了第二届“美润杯”国际象棋传统项目争霸赛活动；七株榕小学举办了“榕品随身，追求善美，创建文明生态校园”榕品文化节，所有活动都邀请学区内各成员校共同参与。四是各成员校利用自身的资源优势，分别邀请全国、省、市、区有一定影响力的专家到校讲学，以开放的心态邀约成员校教师一起共享优质专家资源和学习资源，实现资源协同，达到共同发展的目的。

（五）构建教师交流机制

为了构建教师动态管理机制，实现优质师资共享，越秀区在“区管校聘”的基础上通过多种形式构建了教师“定期流动”的机制，力图使学区内教师、校长的交流和轮岗逐步实现常态化，并逐步实现学区内各校、各学科的名师骨干全覆盖。

第一，建立专任教师有序交流和培养模式。越秀区在原有教师交流模式的基础上，完善学区内专任教师流动的相关制度，实现不同水平和层次教师的多元交流，保障优质校与普通校和跨学段学校之间的双向流动；越秀区鼓励开展成班级建制的教师交流[①]，充分发挥优质师资的引领、示范作用，培养学区内普通学校的骨干教师；通过学区内师徒结对，骨干教师送课、讲座等多种形式，搭建教师共同进步、共同成长的平台，促进学区内学校师资力量的均衡发展，使学区成为教师成长的摇篮。为了保障立体学区各项教师交流机制的运行，越秀区印发了《立体学区试点建设教师交流暂行办法》。《立体学区试点建设教师交流暂行办法》设定的目标和任务是："建立完善学区内教师定期交流的刚性约束机制，力争在2年内推动学区内教师交流的制度化和常态化，逐步实现教师资源均衡配置，实现名师覆盖，为义务教育优质均衡标准化发展提供师资保障，更利于学区课程衔接和教师专业化发展。学区内每年教师交流人数应逐步提升，到2019年学区内教师交流的比例不低于符合交流条件教师总数的10%，其中骨干教师交流应不低于交流总数的20%。"[②]该文件还规定了立体学区内教师交流的三种形式。

一是全日制交流，按学期或学年进行。"教师在交流期间服从流入学校和派出学校双重领导，以流入学校领导管理为主。其工作由流入学校安排，按照不低于流入学校教师的平均工作量承担教育教学任务。"[③]全日制交流的教师由流入学校负责日常管理及年度（学期）考核，确定考核等次。考核工作坚持自评与他评相结合、平时考查与年度（学期）考核相结合的原则。交流人员年度考核结果分优秀、合格、基本合格、不合格四个等次。流入学校需填写"越秀区立体学区教师交流工作评价登记表（全日制交流）"，详情见表4-4。经派出学校确认后，考核结果报立体学区办公室审核备案。

---

① 所谓成班级建制的教师交流，即两所学校两个班级教师整体互换交流、任课任教。

② 越秀区教育局提供该政策文本。

③ 越秀区教育局提供该政策文本。

表 4-4　越秀区立体学区教师交流工作评价登记表（全日制交流，2017 学年）

<table>
<tr><td>姓名</td><td></td><td>学科</td><td></td><td>职称</td><td></td></tr>
<tr><td>派出学校</td><td colspan="2"></td><td>流入学校</td><td colspan="2"></td></tr>
<tr><td>起始日期，共计天数</td><td colspan="5">____年___月___日至_______年___月___日，共____天
（________学年）</td></tr>
<tr><td>派出学校工作安排（工作量）</td><td colspan="5">教学任课方面：　节课（满工作量）；
德育管理方面：　是（否）兼班主任；
其他方面工作：</td></tr>
<tr><td>流入学校对教师工作的评价</td><td colspan="5">流入学校盖章：　　　　时间：　年　月　日</td></tr>
<tr><td>派出学校确认</td><td colspan="5">工作量：
派出学校盖章：　　　　时间：　年　月　日</td></tr>
</table>

本表说明：一式三份，派出学校和流入学校各存一份，另一份报立体学区办公室备案

资料来源：本表内容来源于越秀区教育局提供的《立体学区试点建设教师交流暂行办法》

二是跨校上课，即对个别紧缺学科和学校特色课程，经交流学校双方协商，交流教师可跨校上课（送教）。跨校上课形式为交流教师在每周固定时间内到对口交流学校上课，以实际上课课时计算工作量，教师无须在对口交流学校坐班。立体学区办公室集中办公人员亦属跨校上课人员范畴。跨校上课的教师由对口交流学校确定送教考核等次，考核结果分优秀、合格、基本合格、不合格四个等次。对口交流学校需填写“越秀区立体学区教师交流工作评价登记表（跨校上课）”，见表 4-5。经派出学校确认后，考核结果报立体学区办公室审核备案。考核结果作为交流教师在派出学校参与年度（学期）考核的参考依据。

表 4-5 越秀区立体学区教师交流工作评价登记表（跨校上课，2017 学年）

<table>
<tr><td>姓名</td><td></td><td>学科</td><td></td><td>职称</td><td></td></tr>
<tr><td>派出学校</td><td colspan="2"></td><td>对口交流学校</td><td colspan="2"></td></tr>
<tr><td>对口交流学校工作安排（工作量）</td><td colspan="5">_____年___月___日至_______年___月___日。
每周（月）____节课；共计____节课</td></tr>
<tr><td>对口交流学校对教师工作的评价</td><td colspan="5">流入学校盖章：　　　　时间：　　年　月　日</td></tr>
<tr><td>派出学校确认</td><td colspan="5">工作量：
派出学校盖章：　　　　时间：　　年　月　日</td></tr>
</table>

本表说明：一式三份，派出学校和流入学校各存一份，另一份报立体学区办公室备案

资料来源：本表内容来源于越秀区教育局提供的《立体学区试点建设教师交流暂行办法》

三是计次示课，即指交流教师非长期、非规律性地在其他学校的授课，如上示范课、指导课或开展讲座。计次示课以实际授课课时计算工作量，如为大型示范课、指导课或讲座，可酌情计为双倍课时量。每次由对口交流学校填写“越秀区立体学区教师交流工作评价登记表（计次示课）”，见表 4-6。经派出学校确认后，报立体学区办公室审核备案。结果作为交流教师在派出学校年度（学期）考核的参考依据。

表 4-6 越秀区立体学区教师交流工作评价登记表（计次示课，2017 学年）

姓名		形式（讲座、示范课等）	
派出学校		对口交流学校	
日期			
主题内容			
对口交流学校对教师工作的评价	对口交流学校盖章： 时间： 年 月 日		
派出学校确认	工作量（以课时计）： 派出学校盖章： 时间： 年 月 日		

本表说明：一式三份，派出学校和流入学校各存一份，另一份报立体学区办公室备案

资料来源：本表内容来源于越秀区教育局提供的《立体学区试点建设教师交流暂行办法》

第二，学区内管理人才共享，组建学区办公室执行队伍，培养学区管理人才。学区联席会议办公室设立执行主任和副主任，统筹管理学区的日常事务。各组长校推荐办公室核心组成员 1 名，负责组织、处理相关事务；各成员校推荐办公室执行成员 1 名，协助联系和落实办公室工作。办公室核心组定期集中办公，商讨并落实学区会议精神，组织落实近期工作。办公室执行成员纳入学区交流人员范畴，交流

以计次示课方式体现。各成员在参与学区建设过程中，不断培养和强化“学区人”的思维，成为成员校与学区联结的桥梁，织起整个学区的联络网。在执行过程中，基于对自身学校的了解，越秀区教育局要求各学区充分发挥主观能动性，既立足于各成员校的特色优势，又结合学区层面，培养学区的眼光，以接地气的方式策划和落实各项任务，使学区工作顺畅地进行。

（六）建立开放、互动的教学管理机制

越秀区通过课题共研构建了开放、互动的教学管理机制。越秀区又称这一机制为课题共研机制，即学区内的学校通过开放听课、跨校兼课、集体备课、联合教研、课题引领和跨校师徒结对等多种方式，搭建教师共同进步、共同成长的平台，促进教师专业素养的整体提升。

第一，在学区内开展行动研究，以科研带动学区建设。一是越秀区要求各学区梳理本学区内的优质课题，并通过以现有优质课题吸纳新人的方式吸引学区内新成员加入，共同完成课题研究；二是越秀区要求各学区集合学区内教学科研人员协同创新的优势，共同申报、立项和开展市级以上课题研究；三是各学区提炼、应用和推广课题研究成果，越秀区支持以学区为单位申报省、市基础教育教学科研成果奖。

第二，实施联合教研制度，即通过制订学区教研计划，统筹开展学区内各学科集体备课、教学研讨、听课观摩等教研活动，实现教研资源的共享；探索符合学科特点的教学方式方法；坚持因材施教，为不同类型的学生提供可选择的课堂学习任务和课外作业，培养学生良好的学习习惯。例如，广州市部编版义务教育语文教材培训研讨会连续两次在旧部前小学举办，小学组成员校积极参与；海珠中路小学和七株榕小学联合开展了“牢筑教育根基，聚焦核心素养”的跨学科说课展示活动；惠福西路小学在广州市小学数学学科“区域教研特色与经验”交流活动中分享经验，小学二组全体数学骨干教师积极参加活动。

此外，为了保障各项工作顺利开展，越秀区非常注重对相关保障机制的建设，其原则就是责权利对等。例如，为了保障立体学区教师的交流具有实效性，越秀区

制定了相关的配套机制。其中，备受关注的一项改革措施是：越秀区将教师人事调配由原来的隶属学校管理变为由区教育局统筹安排，进而将域内全体教师由“学校人”变成“学区人”，这种新型人事工资关系能够有力地支持教师在学区内乃至学区间流动。不仅如此，越秀区在强调教师流动的同时，积极给予教师必要的交流补助和激励，并建立了相应的考核监督机制。《立体学区教师交流办法》规定：“进行全日制交流的教师，交流期间党团组织关系、人事关系（含工资关系）保留在派出学校，享受派出学校的一切福利待遇，在原学校的职务职级不变，其教育教学工作（包括班主任、教研组长、课外兴趣小组指导等工作）按照年限连续计算；由派出学校根据流入学校提供的绩效考核情况，发放绩效工资。流入学校要做好对交流教师的考勤（考课）工作。派出学校要加强与流入学校的沟通与协调，了解交流教师的工作、学习等情况，安排好交流教师的工作与生活，努力帮助他们解决工作、学习和生活中的困难，使他们能及早适应新单位的工作环境，全身心投入教育教学工作。交流服务期满考核合格，按计划返回派出学校工作。”“全日制交流教师每人每月交通费补助额度 300 元，凭票报销（每学期按照实际工作月计算，不足一个月的按照一个月计算）；跨校上课和计次示课教师每人按照实际到校次数，并按最低乘车次数报销。补助由派出学校支出，学校于每学期期末支付一次”，并且“交流教师在交流期间参加职务评聘、岗位竞聘时，在同等条件下优先。成员校需结合年度考核工作，预留一定的‘优秀’指标，作为对交流教师表现优秀者的奖励。在评优评先方面，优先考虑具有交流工作经历的教师。对交流时间长、做出突出贡献的教师，在各级各类评优表彰工作中予以倾斜。由立体学区办公室设立立体学区教师交流专项资金用以奖励交流表现突出个人。对考核合格、需要交流经历参与各项评估和评比的教师，可由立体学区办公室根据实际交流工作量出具交流证明”。《立体学区教师交流办法》还规定：“所有涉及到的交流人员都必须按要求准时到岗尽责，凡不服从组织调配，超过三次拒不到岗的，将予以告诫；超过五次拒不到岗的，当年年度考核只能定为‘基本合格’及以下等次，三年内不得推荐评优和晋升专业技术职务，五年内不能提拔担任学校中层及以上干部；其中态度恶劣、造成不良影响的，应予以缓聘，并扣发部分或全部奖励性绩效工资。交流期满考核等次为基本合格或不合格的教师，一年内不参与奖励性绩效工资的分配，并延长其交流期，直至考核合格再返回原学校工作。”

（七）深化学区制改革

在同学段平面学区+跨学段立体协作办学全覆盖的基础上，越秀区正在逐步组建更高层级的跨东西片的立体学区。越秀区在推进学区化办学的同时，继续鼓励各学校深化特色办学，提升自身的品牌影响力；鼓励新的优质学校、品牌学校探索联盟办学，待条件成熟时组建新的学区。

首先，要完善“共建”内容，即越秀区要进一步完善域内教育发展相关的文化共建、资源共用、人才共享、课题共研、课程共建、质量共进、特色共建、生源共育。

其次，继续构建和完善学区制改革的“四个系统”。越秀区教育局相关领导表示，越秀区未来要找准学区制改革的方向，“一是构建更加科学的‘决策系统’，二是完善措施得力的‘执行系统’，三是落实配套的‘保障系统’，四是构建导向明确的‘监督评价系统’，其中决策是关键，执行是重点，保障是难点，监督评价是增长点”。

再次，越秀区要在推进学区制改革的过程中从学校管理走向学区治理。越秀区相关人员认为，“在由若干独立法人学校构成的新型组织中，面对办学规模增容、教师队伍增大、校区远近不一、管理层级增加等新情况，需要在办学方式上逐步转变，促进机构扁平化、管理制度化、价值共通化、沟通即时化、内涵提升项目化、教师发展多样化、考核评价立体化，逐步实现从学校管理向集团治理的转变”。

最后，越秀区的学区化管理与集团化办学要促进学校间的合作从“松散对接”迈向“紧密共建”。访谈期间，越秀区教育局相关领导表示，“未来我市招生考试政策要向学区化、集团化特色办学方面倾斜，中小学要树立整体育人观，以特色对接、特色共建、课程共建等方式，实现对集团和学区内不同学段学生的共同培养，从入口抓起，从小学抓起，探索建立十二年一体化特色课程，形成学生集团内成长、升学的贯通式链条，提升出口质量”。

三、越秀区学区制改革的效果

经过近 20 年的不懈探索，越秀区的学区管理模式建设已取得一定的成绩，正所谓“一分耕耘，一分收获”。越秀区的学区制改革在诸多方面都取得了丰硕的成果，同时也存在诸多需要进一步突破的问题。

（一）取得的成就

第一，教师交流机制的建立使得原本师资有限的越秀区盘活了自身固有的资源，保障了中小学将国家规定的各门课程开足开齐，实现了特色课程共建共享。首先，越秀区通过教师的成长性、共享性和发展性交流，全面优化了立体学区内的教师资源配置，进一步促进了教师专业发展，加快促进资源共享和课程共建，不断提升每一所成员校的师资水平和教育教学水平，逐渐缩小成员校之间的教育水平差距。这为深化各学区的师资共享机制提供了良好的榜样。一是通过全日制交流、跨校上课、计次示课等方式，越秀区有效地促进了教师的专业发展，提升了立体学区师资队伍的专业水平，实现了教师的成长性交流；二是通过推动区域内优质资源、课程等方面的共享和辐射，实现了教师的共享性交流；三是促进了成员教育教学的优质均衡发展，实现了教师的发展性交流。此外，越秀区还将教师交流落到实处，学校教师交流的效果反响良好，学校普遍反映师资比交流前变得更加充分。例如，2017 学年，学区内共有 32 人次进行了交流，2018 学年，学区内共有 40 人次进行了交流。另外，各成员校积极展开交流行动，尊重教师的个人意愿，学科交流广泛。据越秀区教育局相关领导反馈，“交流教师在经历最初的紧张忐忑后，迅速明确定位，积极融入，在新的工作岗位上实现自我价值认同和专业水平提升。部分学校在教师严重缺编、学校规模和教师编制数不对等的情况下，坚定决心，派出学科组长、骨干名师交流轮岗，为教师的成长提供了更多机会，也为逐步实现学区内各校、各学科的名师骨干全覆盖迈出了坚实的一步”。

第二，越秀区在科研兴教方面取得了丰富的成果。2017 年，“立体学区支撑区域教育新优质发展”成功立项为广东省哲学社会科学“十三五”规划课题学科共建项目，这是广东省内基础教育系统唯一获得立项的项目。越秀区课题共研取得了丰富的成果，学区各成员校联合开展课题研究也取得了一定的成果，如朝天小学承办了“越秀区获广州市教学成果培育项目推广研讨会”，其中朝天小学的成果《“体验学习圈”在小学教学实践中的应用》、回民小学的成果《少数民族学困生转化策略和实效性个案研究》、旧部前小学的成果《多元智能视野下的小学学困生的认知结构分析及其干预的研究》在研讨会上进行展示；知用中学、惠福西路小学、八一希望学校联合申报的广州市教育研究院教研扶持专项课题“立体学区背景下中小学教育衔接的实践研究”成功获得立项；广州市第三中学、广州市第八十二中学、广州市第十中学、八一希望学校等学校联合开展的广东省教育科学“十二五”规划教育信息技术专项课题“中小学电脑四格漫画校本课程的开发与研究”顺利结题，并获广州市教育研究院教学成果三等奖。

第三，激励了各学区通过教科研提升教学质量的信心，并取得了可喜的成效。以广州市越秀区中学第一学区（以下简称第一学区）为例，该学区在整个越秀区学区制改革中可谓是构建学区管理模式的“先行者”和“探路人”。第一学区从课题研究切入，通过资源共享积极推进学区建设，研究探讨如何提高课堂教学实效，努力提升本学区各校的教学质量。2007 年，广州市第七中学王敬民校长承担了“‘四合一’教学模式的普适性研究”课题，旨在研究和探讨如何提高课堂教学的实效性。该课题采取研训一体的模式，5 年间有 100 多名骨干教师参与其中，通过理论学习设立了多个相关子课题，撰写了多篇论文和教学反思，教师的专业成长速度很快，并且将课题研究成果引入课堂教学实践，取得了实实在在的成效（佚名，2012）。第一学区骨干教师的专业素质普遍提升，有效地促进了学区内各学校教学质量的普遍提高。2009 年 12 月，第一学区荣获越秀区构建学区管理模式绩效评估工作一等奖，学生的学业成就普遍得到提高。可以说，学区建设有效地促进和提升了学区内各学校的教育教学质量。

第四，在学区制改革中进一步推进了区属中小学新一轮布局调整。越秀区按照《广东省人民政府关于统筹推进县域内城乡义务教育一体化改革发展的实施意见》《广东省人民政府办公厅关于增加幼儿园中小学学位和优质教育资源供给的意见》

《关于印发广东省发展学前教育第三期行动计划的通知》等文件精神，不断修改、完善布局调整方案，并确定了“一校一策”的方针，即为每一所学校设计一个调整方案。越秀区以调整区属高中布局、结构和规模为切入点，整合中小学办学资源，腾挪部分高中用地，适当增设九年一贯制学校，改善义务教育阶段学校办学条件，扩大中心城区学校办学空间，增加学前和义务教育阶段的优质学位，着力解决区域教育事业发展不平衡、不充分的问题。

第五，打造各类教育协调发展、教育管理体制灵活的区域教育发展生态。一是通过持续深入地推进学区化办学，越秀区进一步发挥区内示范性高中的龙头引领和优质特色学校的示范带动作用，建立了学校特色发展、自主发展与学区自治自理并行运作的新模式，增强了区域教育管理体制机制的新活力，营造了各类教育协调发展的良好生态；二是坚持正确的舆论导向，合理引导社会预期，主动做好教育综合改革项目的政策宣传和解疑释惑工作。越秀区不断加强与各级政府部门、社会团体、企事业单位和社区、媒体的沟通、协调，营造全社会关心、重视、支持教育改革发展的良好氛围；及时总结学区化办学的创新性经验和阶段性成果，提升了越秀区教育的竞争力和影响力。

客观评价，越秀区学区制改革探索的成果是丰富多样的，如促进了区域学习型组织的建设、学区内中考和高考成绩向均衡发展、学区优势人力资源向区内其他学校辐射、学区内学习资源向共享发展等（蔡定基，周慧，2010）。此外，越秀区以教育资源高度共享实现了教育质量全面提升，通过增加服务层级充分发挥了学校最小管理单元的效能，形成了基于学校发展的学区化管理特色，呈现出学区与学校共建的良性循环。

（二）存在的问题

虽然越秀区的学区制改革取得了诸多的成就，但是存在的问题也十分突出，具体如下。

第一，立体学区的格局仍然很局促。越秀区的学区制改革是在教育系统内的变革，没有教育系统外的组织机构参与。因此，越秀区的学区制设计缺乏跨系统解决问题的能力。例如，学区内教师流动获得所需的财政支持非常有限。

第二，立体学区的功能定位模糊。虽然越秀区的学区制改革起步早，且经过了一次变革，但是越秀区的立体学区与集团化办学的本质区别还不甚清晰。越秀区的各个学区也可以称为教育集团，只是集团的结构是松散的，集团内各所学校是独立的法人而已。

第三，立体学区的发展缺乏指导。越秀区的学区制改革仍然处于“摸着石头过河”的阶段，缺乏深化改革的智力支撑。例如，越秀区教育局对改革的判断是“保障是难点”，可是如何突破这些难点，目前还没有思路。

第四，立体学区的支持保障体系薄弱。越秀区教育局领导也承认“保障是难点”，但是对于如何突破这一难点，越秀区相关领导也感到力不从心。教育支持保障体系建设薄弱的问题，在全国其他地区的学区制改革和集团化办学中也普遍存在，这是一个需要系统解决的问题，仅靠教育部门一家，不但无法解决，甚至不可能从根本上解决。义务教育管理体制改革是一项系统工程，需要科学设计改革的支持保障体系。

第四节　各区学区化管理的启示

学区化管理改革是国家号召地方进行探索的一项工作，全国各区县的改革步伐虽然不一致，但是对此项改革的关注程度都很高。区是我国学区化管理改革最为活跃的一级行政主体，因为我国基础教育发展的主要责任在区县这一行政层级，而不是省或者市。东城区、海淀区和越秀区的学区制改革各具特色，其成功的经验值得其他区县学习和借鉴。

一、做好顶层设计

第一，学区制改革的首要任务是解决“择校热”难题。这一问题可以分解为促进公平与提高质量两个方面。虽然东城区、海淀区和越秀区在学区化管理体制改革中采取的模式不尽相同，甚至差异较大，但是其有一个共同的特征，就是非常注重前期的设计，是有目的地进行改革，也就是有明确的任务驱动。在某种意义上，我国学区化管理就是要通过体制机制改革来破解“择校难”问题，如以学区为单位，探索中小学对口入学机制，提高就近入学比例，破解择校难题。

北京市东城区教育委员会原主任冯洪荣在谈及东城区的学区制改革经验时表示，“‘头脑’比‘脚印’更重要。过去我们普遍认为，东城区作为中心城区，空间狭小，教育规模化发展受到制约。虽然东城区的文化底蕴丰厚、优质教育资源密集，但分布不均，难以满足人民群众对优质教育的需求。因为思维局限在这‘一亩三分地’中，我们感到‘心有余而力不足’，教育发展遇到了瓶颈。后来我们认真梳理东城区的问题和可供利用的资源，在现代治理理念的指导下，开启了东城区多措并举的办学管理机制改革，通过机制改革突破体制障碍，还是取得了一定的实际效果，域内师生和百姓也都普遍比较认可”。因此，无论在域内推行何种学区化管理体制机制改革，前期的设计一定要科学且完整。例如，调查发现，许多地区在学区化管理改革初期推进速度很快，但是随着改革的深入发展，最初的任务设计不够明确，因此改革的成效变得难以评价。相关的评价滞后直接带来的后果是奖惩缺位，这使得域内学区化管理改革变得“可做亦可不做”，各学区改革的进展不平衡。有的学区改革推进速度快，有的速度慢，速度快的没有得到明确的奖励，对于速度慢的也没有相应的激励或者惩罚，这样的改革设计是不完整的。

第二，体制改革与机制改革配套执行。笔者在调查期间发现，许多区希望通过学区化管理实现教育资源均衡配置，这无疑是一个很好的思路。然而，我们也要清醒地认识到，许多体制固有的问题不是通过机制改革能够解决的。许多因教育以外因素造成的困局，不能单独依靠教育自身来解决。例如，长期以来，我国将教师的身份定位为专业人员，因此专业人员的流动不能够按照公务员来执行，否则便是责权利不对等，教师的抵触情绪很强。由于体制机制的僵化，干部教师交流轮岗受到限制，师资分布不均衡的问题日益凸显，成为影响区域教育改革与发展的瓶颈。事实上，师资分布不均衡的根源在于体制问题而不是机制问题，机制能解决部分体制带来的问题，但不能解决全部问题。因此，要改变教师的隶属关系，尝试“区管校聘”等机制，的确可以收到成效，但是要想让优秀的教师流向乡村，甚至城乡师资基本均等，那就需要体制改革予以支持。

第三，学区化管理要取得实效，要用治理的理念进行制度设计。学区化管理的一个重要作用是突破教育系统自身难以解决的诸多难题，也就是要争取到教育系统之外一些方面的支持，如编制、土地等。学区作为一个教育多方共治的平台，需要具有开放性和普遍性，即参与学区治理的主体需要包括各个利益相关群体，不可以缺少任何一方，否则就难以实现体制障碍的突破。学区承担如此重要的职责，自然需要相应的权力予以支持。因此，可以考虑适当下放部分教育行政管理中的责权给学区，但是不可以增加教育行政管理层级。同时，要充分发挥学区协调与共治的作用和优势，让学区内的学校管理者、教师、社区/街道、家长等共同参与，建立学区理事会、委员会等定期议事治理模式和管理机制，明确学区的协调组织、服务招生、资源整合、校际交流和特色建设等工作职责。

目前，我国的学区化管理逐渐逼近制度化，许多地区已经将其称为“学区制”，这种趋势下的学区管理需要把握好两方面的内容，即管理可以模块化，但是结构仍需扁平化。模块化管理是指将行政区划中的义务教育学校和所属的就学范围，按照一定的原则划分为若干个组团。在条件成熟时，也可将高中学校划入其中。这样形成的学区具有学区管理模块的属性（李希贵，2015）。所谓结构扁平化，即不削弱校长的权力，学区不可以成为横在区教育行政部门与校长之间的阻力，更不能演变成以自我利益为中心的权力机构，它应该成为帮助校长突破自身无法逾越的障碍的助手，成为区教育行政部门处理疑难事务的助手。调查期间，北京十一学校原校长李希贵就曾表示，“任何仅仅希望便于管理者掌控的改革，都不会得到基层学校、校长、教师的拥护，也就不会具有生命力”，其言下之意便是不需要多一个管理上的“婆婆”，要充分尊重学校的办学自主权。

第四，要制定相对明确的学区化管理改革推进时间表，将工作落实。无论是已经推行一段时间学区化管理的区县，还是即将要进行学区化管理改革的地区，都要做好学区化改革的任务时间表，明确改革的步伐与预期目标之间的关系。区县推进学区化管理改革，既要关注自身内部的发展因素，也要关注外部的影响因素。通常情况下，区县学区化管理体制机制改革受诸多外部因素的影响，一是国家政治体制；二是区县人口与地理因素；三是当地社会经济状况；四是区县教育和文化传统；五是国内改革潮流；六是地方管理主体。只有对内外部因素进行综合规划，才能制定合理的改革推进时间表。

第五，要充分发挥优质教育资源的辐射作用。实践证明，在学区化管理模式下，不仅要充分发挥硬件资源和课程资源的辐射作用，更要充分发挥名校名师的增值功能，这是办好学区教育的一个重要手段（王云建，2005）。

二、缩小学校差距

第一，公平与质量是新时代教育发展的两大主题，而国家倡导学区化管理最初的目的则是促进公平。因此，各区在明确自身的改革任务时，要将缩短校际差距作为工作的重点。例如，东城区委、区政府印发的《东城区深化学区制综合改革，全面提高义务教育优质均衡发展水平的意见》就明确指出，要扩大优质教育资源的覆盖面，“大力推进义务教育阶段学校全面优质化、品牌化”，“增加义务教育阶段优质学校数量，扩大优质教育学位，力争到2020年全区实现优质品牌学校学区全覆盖”。东城区在缩短学校差距方面选择的是“办好每一所学校”，即以普遍优质来实现高位均衡。这对于后来的改革者是非常重要的一个启示，即思考学区化管理与学校发展问题时的落脚点是办人民满意的教育，也就是要能够让区内每一个孩子“在家门口上好学”。区域内教育发展差异问题是目前我国教育发展中一个非常重要的问题，提高教育质量、促进教育公平与均衡发展成为地方政府亟待解决的问题，也是学区化管理改革需要关注的问题。

第二，扶持薄弱学校，共享优秀管理资源。缩短学校间的差距最为困难的就是提高薄弱学校的教育教学质量。通过学区内优秀的管理资源和教育资源共享来实现薄弱学校“软件足够硬”“硬件不再软”，是所有区推行学区化管理的地区必然选择的方式。因为这几乎是在不增加投入的情况下实现增长，是许多地方教育行政部门希望看到的结果。例如，东城区赋予教师更加灵活的身份，推行干部教师在学区内有序、顺畅地轮岗交流，这一项工作并没有加大东城区的财政负担，效果却很明显。

第三，扩大学校的办学自主权。外因要通过内因起作用，关键还是要增强学校自主发展的内在驱动力和核心竞争力。学区化管理不是为了给学校增加一个管理层级，而是要让学校的办学自主权得到充分释放，学校之间呈现相互衔接、顺畅贯通、相互促进、共同提高的良好格局和发展机制。

三、理顺教师交流

教师交流作为一种重要的教育均衡手段，备受各级政府的推崇，然而这并不代表这一政策取向普遍得到教师的认可。笔者在调查期间发现，许多地区的教师“被迫流动”，有强烈的“被驱赶”的感觉。他们缺乏主动性，也不觉得自己是教育事业的“主人”，这并不是理想的教师交流状态。教师交流机制不仅要“管”，也就是要求教师强制流动，还要“理”，即理顺流动中的各种利益关系，做到让教师满意。

第一，培养重于交流。教师流动不应该仅仅是零和博弈的过程，更为重要的是要实现优秀教师总量的增加以及合格教师成长速度加快。这意味着无论是干部轮岗还是教师交流，其核心都在于扩大优秀管理资源和教育资源的覆盖面，而不仅仅限于简单地削峰填谷。因为这样仅是实现了优质资源在空间上的转移，而不是总量的扩大。盘活存量、形成增量才是交流轮岗的实质与根本任务。例如，东城区利用深度联盟学校、优质教育资源带一体化管理学校以及师资储备基地校等平台，通过教师跨校任教兼课、师徒结对、联合教研、提供网络课程资源等形式，落实教师轮岗交流，客观上形成了以培养为基础的交流轮岗方式，颇受教师喜爱。

第二，让教师参与制定与自身流动相关的标准和政策。这意味着地方政府在制定教师在学区内或者学区外流动相关政策时要做到“以师为本”，充分尊重教师自主发展的意愿。学区内、学校中、校际教师的交流既要有利于实现学区内优质师资全覆盖的理想状态，又要便于教师将工作与生活很好地融合，不偏废任何一方。更为重要的是，要让教师感受到交流本身不仅利他还利己，不是“用职称卡”“用评聘卡”“用绩效卡”的被迫行为。

一是要充分尊重教师的意愿，让交流变得人性化。调查中，有教师表示，“我们不是公务员，也不是军人，却要像他们一样流动，听调配，还要从教师整体绩效工资这一大盘子中切出一块来作为激励奖金，这不是对教师的尊重，而是伤害”。许多教育行政管理者也表示，“现在的工作难做，教师绩效工资的总盘子就那么大，要激励教师流动，就要动用政策手段，但是政策手段用多了，经济支持跟不上，教师也很不满意，也不买账。这不利于教师队伍的稳定，更不利于吸引优质师资”。东城区在教师交流过程中非常注重对教师个人专业发展需求的满足，这是东城区教师交流得以顺利进行的重要原因。

二是要充分考虑教师交流学校与家庭住址之间的距离等实际影响因素，尊重基层教师的意愿，做到发展与稳定相结合。中国教师的家庭通常是双职工家庭，教师家庭经济负担普遍比较重，远距离交流是有现实困难的。调查中，一位校长表示，“让教师流转到异地，在某种意义上就是在逼迫教师辞职。我们学校就遇到过因为流动而导致教师流失的问题，很心疼，也很无奈。学校希望地方政府在制定相关政策时要考虑到教师的实际情况，不能简单给出一个流动的比例，至于如何操作，把压力全部传递给学校和教师”。

第三，制定教师流动政策要做到精细化，要分层分类且循序渐进。所谓分层分类，就是在规定教师流动总体比例的同时，还要规定各类教师流动的比例和方向。对教师进行多层次分类，按照学科，主课与副科，特级、骨干与普通，老与新，小、初、高等进行分类，针对实际情况和现实需求制订相应的流动方案和流动后的教学与发展任务。这意味着对于学区内的教师流动，要进行系统设计、综合推进。

第四，以促进学区教育优质均衡发展作为教师交流工作的出发点和落脚点，统筹规划，分批、有步骤地稳妥推进，按照先行试点—总结完善—逐步推开的工作思路，确保教师交流工作平稳有序开展。教师交流应先易后难，以学区内牵头校为龙头，先实行学区内部分学校间的交流，在此基础上不断完善教师校际交流工作机制，逐步扩大交流范围，鼓励教师跨校、跨学段交流。根据学区实际情况，鼓励中学教师下沉至小学，形成贯通中小学的教师交流局面。

第五，统筹使用编制。教师交流应统筹兼顾，坚持以人为本，考虑学校需求与交流对象的实际情况，保持教师队伍的动态平衡。超编学校的富余学科教师向缺编学校流动，可做优先安排。有条件的地区，要鼓励公办学校优秀教师到民办学校进行交流任教。

促进教师流动是深化学区制改革的一项重要举措，要实现教育的公平，就要搭建平台、创新机制，使教师在多样化的广阔的平台上实现交流轮岗，形成优质教育资源的全覆盖。

四、安排校长轮岗

常言道："一名好校长成就一所好学校。"在某种意义上，校长等基层教育管理人员的轮岗比教师交流还重要。以校长为代表的干部交流轮岗是一项重大的系统工程，校长在不同学校轮岗可以把先进的办学理念带到相应的学校，这对于提高薄弱学校的办学水平尤为重要。因此，要做好顶层设计，建好交流通道，使交流轮岗工作制度化、常态化、可持续。东城区在此方面树立了良好的榜样。东城区借助教育家成长工程、名师导师团、教育咨询委员会等途径，促进干部教师队伍成长，同时加大校长在不同学校间、不同岗位间的轮转，既开阔了校长的视野，拓展了其可作为的空间，同时也培养出了一批又一批的优秀校长，极大地充实了一线校长队伍。

另外，要将校长变成“学区人”，即调动校长治理学区的积极性，搭建学区共治平台，让每个校长都关心学区的发展，为学区的发展尽力，同时享受学区发展的成果。要让校长关心学区的发展，就需要给予校长参与学区治理必需的发言权和决策权。让校长为学区的发展尽力，就是要让校长为学区发展出谋划策，将自身和学校掌握的教育资源分享给学区，让学区内的中小学共享。例如，东城区以学区为单元，利用学区一体化管理构建的各种平台，实现了学区内校长作为学区管理负责人定期轮岗。

五、完善配套保障

第一，建立分类保障制度，即对学区化管理的各项改革要有各自的配套保障设计，各类保障构成了整体保障措施。例如，东城区为了保障学区教师交流轮岗制度顺利推进，制定了六项保障措施：“一是建立不同层级的组织领导机制，将干部教师交流轮岗工作作为考核中小学校长和评价学校的重要内容。二是建立完善的交流轮岗管理机制，通过编制统筹、绩效工资统筹、职评指标统筹，逐步实现教师由‘学校人’到‘系统人’的身份转变。三是建立常态化的交流轮岗机制，进一步搭建起校际相互合作、共同发展、分层推进的干部教师交流轮岗平台。四是建立干部教师交流轮岗的激励机制，如在职称评定、各级各类评优评先中，同等情况下给予倾斜，或单列评选、评定等。五是建立优秀教育人才的涵养机制，如建立评选‘杰出校长’、‘人民教师’等优秀人才的奖励机制，实施‘引智工程’，建立干部教师带薪脱产培训制度等。六是营造交流轮岗的良好氛围，对表现突出的学校、集体、个人进行表彰，对行之有效的经验和做法加以总结推广。”（冯洪荣，2014）这是一种分类保证的思维方式，要想各项改革逐一落地，那么保障措施就要逐条落实。

第二，建立全系统保障体系，即保障措施不能仅限于教育系统内部的支持，而是要实现教育相关利益和要素全部到位，这是改革成功的关键所在。建立稳定的投入保障与监督机制，是保障学区制改革成功的重要因素。人、财、物相关要素制约着改革的推进速度，缺乏编制、固定必要投入和学校标准用地的改革是不可持续的，这也是许多推行学区制改革的区县需要认识到的问题。

第五章

我国学区内部治理的探索

如何运作一个学区，是学区化管理改革设计者和实施者在改革全程都要思考和探索的问题，也是决定学区化管理改革成败的关键所在。学区是我国探索学区化管理的基本单元，是一切改革活动发生的基本场域。为了探索学区治理的规律，本章选取较有特色的三个学区——北京市东城区北东学区、海淀区中关村学区和上海市金山区朱泾地区小学学区作为典型案例进行分析，通过“解剖麻雀”来探索不同类型学区治理模式的得失利弊，对其成功经验进行概括和总结，对其存在的问题加以客观分析。这对于促进已经开展学区化管理的学区不断自我完善并深化改革非常有益，同时对于即将探索学区化管理的地区也可以起到很好的示范作用。

第一节 东城区北东学区的“共产主义”模式[1]

所谓“共产主义模式”，是指北东学区内中小学间的合作与交流无障碍，基本建立在各校需求的基础上，常常是学区内所有学校集体开展教研、特色活动及党建工作。北东学区的内部治理颇具文化特色，从校际合作到教学和管理均实现了一体化发展的状态，给人以进入共产主义社会之感。调查期间，北东学区管理者表示，“我们东城，特别是北东学区的校长非常融洽，有什么事儿大家都一起干，部分中学、小学有一家亲的感觉，就是为孩子做事”。东城区的优质学校不仅办学水平高，管理者的素质也很高，这是其能够实现一体化管理，自愿无偿共享的“软件”基础，即“软件够硬”。

一、北东学区基本情况及特点

北东学区是北新桥-东直门学区的简称。北东学区是东城区 8 个学区中非常出色的学区，在学区构建方面做出了许多有益探索。截止到 2020 年 6 月，北东学区内有 6 所小学，分别为北京景山学校（北校区）、北京市东城区史家实验学校、雍和宫小学、西中街小学、史家小学分校和东四十四条小学；有 9 所中学，分别为北京市第五十五中学、东直门中学、北京第一六五中学、北京市第二中学分校、北京市第五中学分校、北京市第二十二中学、北京市第二十四中学、北京市第二十五中学和北京市第二十七中学。

由于北东学区与国内外各界交流频繁，为了促进学区教育与不同国家（地区）

① 除特别注明，本节数据皆由北东学区提供。

种族、民族和社会群体开展广泛、深入的交流，北东学区提出了“增进国际理解，拓展多元意识，创建和谐校园”的学区管理理念，确立了培养具有“国际情怀、博爱精神、社会责任感之世界公民”的教育目标。学区内的学校坚持发挥本校特色优势，以宽广的胸襟接纳一切优秀的教育资源，为学区内各类人群提供所需的优质教育服务，推动着整个学区朝着优质、多元化、国际化的方向前行。

二、北东学区的内部治理

北东学区的内部治理与学区的文化传统密切相关。北东学区走在时代发展的前沿，既有丰厚的文化与历史积淀，同时也注重国际交流和对学生国际视野的拓展，其内部治理秉持按需帮扶、一体发展的理念，颇具特色。

（一）北东学区治理不断升级

北东学区的改革是与东城区的改革相一致的，不断升级。概言之，即从最初学校间“手拉手”进行教学方面的改革，实现了办学体制机制改革。

调查期间，北东学区负责人反馈，“东城区从学区化到学区制经历了一个过程，最初的学区化所指的学区不是现在的学区，是做校与校之间的拉手。拉手的意义在于，共同备课、共同上课，主要以高教育标准确定了几对手拉手的学校。最初的学区生成，小学和小学在一起，中学和中学在一起，有的学校愿意参与进来，有的不愿意参与，学校没有全部纳入。后来，由学校一对一牵手变成几所学校共同参与，这就有了学区的意思。交流合作的领域也从教学拓展到学生活动”。在北东学区负责人看来，东城区最初的学区化管理不是现代意义上的学区治理，只是校际教学与教研上的合作互助。

2014 年，东城区推行学区制改革，号召学区内的学校要实现一体化发展，实现教育共治。调查时，北东学区相关领导反馈，“后来东城区教育委员会认为应该将学区确定为一种管理模式，这样会加大改革的力度，推进改革的进程，于是就从学区化过渡到学区制。过渡到学区制的时候，不仅仅是小学和小学一起做什么，而是把整个社会资源和区域资源统筹起来，比如，像我们北东学区，学区内的学校能够在一起做事，能够真正实现合作共赢，这才是学区制确立的标志”。

北东学区推行的学区制具有高度自治和高度共享的特点，即学区活动发起者可以是学区内任何一所学校，且无须走烦琐的公文程序。如果学区内某所学校举办特色教育教学活动，便会邀请学区内的中小学全员参与，且不仅学校正校长有邀请其他学校和参加其他学校举办的活动的决策权，副校长也可以有相应的决策权，只要在自身负责的业务范围内即可，基本不会因为机会不均等和责权利不对等而产生摩擦和矛盾。北东学区的学校管理者和学区管理者认为这是很平常的事情，他们有一种无须言明的骄傲感和自豪感以及责任感。以 2019 年“六一儿童节”庆典活动为例，北东学区管理层从让孩子们过一个有意义的节日而非娱乐化和消费化节日的思路出发，策划了“传承红色基因，做新时代好少年”的主题活动。策划活动的学区管理者在调查中表示，“我们到了网球场的钻石球场，一共是 8000 多人，我们在那里举行了中学生离队和小学生入队仪式。在这个仪式上，中学生在仪式开始时，把自己的红领巾摘下来捧在手里给一年级的小弟弟、小妹妹戴上。我们有一次彩排，彩排的时候，因为中学生个子比较高，我们发现有的孩子蹲下来了，就把这个环节变成中学生蹲下来把红领巾给小弟弟、小妹妹戴上，绝大部分孩子完全是双膝跪下给小弟弟、小妹妹戴红领巾的。所以，在场所有人的眼泪瞬间就落下来了。这个活动是由我们学区的中学、小学一起组织的，产生了轰动效应”。

（二）多措并举解决择校问题

在东城区教育委员会的指导下，北东学区不断降低电脑派位的比例，通过建设高位均衡的义务教育实现义务教育阶段入学无须择校、小升初尽量直升。

第一，小学与中学无缝衔接，小学毕业生可以自愿直升学校初中部。以景山学校为例，景山学校北校区（简称景山北校）的学生可以直升北校区的初中部，学校会在七年级第二学期选拔贯通班的学生，即初中两年、高中三年贯通班，九年级第一学期选拔直升班的学生，即直升景山学校南校区（简称景山南校）高中部的学生。贯通班和直升班的学生都可以到本部南校区的高中部上课。例如，2014 年 3 月，北京市东直门中学与雍和宫小学成立了九年一贯制学校，小学更名为东直门中学附属雍和宫小学。东直门中学附属雍和宫小学为东城区九年一贯制学校，2016 年起，符合条件的毕业生可以 100%直升东直门中学。

第二，均衡师资，让教学过程更公平。东城区教育委员会在推行学区制的过程中，通过“一长执两校”的方式促进师资校际均衡，例如，景山北校校长和景山南校校长是同一人，但是在招生方面，两所学校又是各自独立的。景山北校大部分的教师是从南校区直接调配而来，两所学校的教师统一在景山南校备课，对两所学校的教师进行统一管理，教材、教案基本相同。不仅如此，两所学校还打通教师使用通道，推行学生走校制，两校根据学生上课情况开设班车，有些课设在景山南校，那么景山北校的学生乘坐班车到景山南校去上课，学校会通知家长到景山南校接孩子。

（三）多种办学形式互相融合

北东学区在办学管理体制机制改革方面始终走在东城区的前列，“盟”“贯”“带”等形式的办学改革都存在，唯独没有“团”。每项改革措施都是为了解决某些和某类学校发展问题，因此北东学区内部义务教育阶段学校的办学质量基本都很高，小学入学基本无须择校，学生升入优质初中的比例也非常高。

第一，学区内学校深度联盟，促进共同发展。北东学区内许多深度联盟学校一体化教育教学工作开展得非常深入，这种模式已经使学区形成了一体化发展的特色。2010 年 7 月，西中街小学和北新桥小学成为东城区深化学校联盟，探索“一长执两校”管理模式的第一批试点学校。两所学校一名校长，两校实行干部、教师联聘，教育教学管理统一，建立了大年级组制。

第二，通过强校并弱校的形式形成优质资源带。东城区原有的小学规模小、用地有限，学校发展受到限制，为了改造区内薄弱学校，东城区推行打造优质教育资源带的办学体制改革，通过强校合并弱校，形成学校发展的规模效益，增加优质学位，满足居民“上好学”的教育诉求。例如，北东学区西中街小学始建于 1935 年 8 月，于 1978 年被评为东城区重点小学。2010 年，其与北新桥小学合并，2018 年，与艺美小学合并，现在变成了西中街小学优质资源带。由于合并后学校统一管理，教师、校舍、课程等实现了一体化管理且打通使用，在很短的时间内就改变了薄弱学校的发展局促的面貌，实现了高位、优质均衡的办学目标。

第三，构建九年一贯制，打破小升初瓶颈。在九年一贯制对口直升工作中，雍和宫小学与东直门中学按照一定比例做到对口直升，为构建学区内“小升初”的新制度探索出了一条可行的途径。

（四）探索学区内教育国际化

北京是国际化都市，东城区是全国首善之区，北东学区作为北京市东城区内优秀的学区非常注重促进学区内学校的国际化，注重培养学生的跨文化交流能力。

第一，发扬国际交流的传统。北京市第五十五中学有着 40 多年的国际教育经验，其国际部是国际文凭组织（International Baccalaureate Organization，IBO）亚太地区的旗舰校。截至 2018 年 12 月，已有 4000 多名来自 110 个国家和地区的外籍学生在这里完成中学学业。除日常的国际教学与交流外，北京市第五十五中学还开展了丰富的文化活动，如文化考察、多元文化节等。这不仅丰富了本校学生的文化生活，也带动了整个学区的对外交流活动，如东四十四条小学等学校多次组织学生参加北京市第五十五中学的多元文化节，亲身感受异国风情与文化差异，学区各校的国际教育与交流工作开展得生机勃勃。

第二，国际交流从娃娃抓起。北京市第一幼儿园（海晟分园）与北京市东城区新中街幼儿园都具有丰富的幼儿国际教育经验，开展了诸多有益的教育活动，如聘请外籍家长走进幼儿园，开展关于世界各国各地文化的教育。

第三，在国际化过程中，北东学区负责人表示，“与许多发达国家相比，我国民众读书习惯和阅读量均不理想。国际化人才应该是能够进行终身学习的人，是能够不断自我完善的人，是一个能够从阅读中不断成长和丰富自我的人”。史家小学分校开展了打造“图书馆式学校”工程。史家小学分校位于东直门核心区，具有得天独厚的区域优势，学校不仅重视图书馆开放程度和馆藏建设，还注重带动周边社区，将其建设成为书香文化社区。史家小学分校所属的海运仓[①]社区拥有悠久的“仓文化”历史，并且与南新仓文化区只有一街之隔。

第四，不仅“走出去”，还“请进来”，只有双向互动才是真正的交流。史家小学分校通过举办具有中国文化特色的教育交流活动，如“中外学子同学京剧”等，让世界各国学子认识中国。史家小学分校还曾邀请世界冠军伊辛巴耶娃、哈佛大学合唱团等走进校园，让外国学生感受真正的中国学校生活，同时让我们的学生与之交流，为其服务，进而拓宽文化视野，感受文化的多元性。

第五，开发国际理解相关的校本课程。为了提高学生的国际理解能力，北东学区号召学校开发属于自己的校本课程。学区内各校充分利用本校及社区资源，开展具有多元文化色彩的校本课程。其中，西中街小学致力于借鉴海外的教育元素开发校本课程，2012 年 7 月，开设了“‘走出国门’看世界”课程。通过对该门课程的学习，学生初步了解了国际化海事、航空工程进展等常识，并在交谈与思辨中充分理解了文化的多元性。这一课程为学生拓宽了国际视野、提高跨文化交流理解力提供了渠道。同时，北东学区还注重将自身的特色课程国际化。例如，东直门中学十分重视对课程改革的领导和管理，稳步推进课程改革，在开齐开足国家课程的同时，积极开发校本课程，在高一、高二年级开设了“人生职业规划”“宇宙航天与探索”“影视英语”等 24 门校本课程，在初一、初二开设了 12 门校本课程。学校一直坚持依靠社会各界力量办学，引进外力发展自己。2010 年，为培养拔尖创新型人才，东直门中学与北京青少年科技俱乐部、清华大学物理系三方共同合作，承办了以科学家、教育家叶企孙先生名字命名的“叶企孙科技实验班”。实验班的“基础学科走出去”产出了丰富的成果，学生在课程中享受到了更专业的学习指导，也通过“国际化学年”这样的大型国际活动开阔了视野。

---

① 海运仓是指北京市东城区海运仓，因其接储海运而来的漕粮，故被命名为海运仓。它与北新仓两大粮仓连为一体，成为京城最大的粮仓，是明清乃至民国时期维系京城政治、经济生活不可或缺的。

（五）丰富课程，满足学生需求

北东学区非常注重建设与丰富课程，以满足学生多样化的学习需求。首先，北东学区对必修课的打造是从教师跨校集体备课开始的，向最高端看齐，实现底部托起。其次，丰富选修课程，满足不同学生的学习需求。调查中，一位学区管理者兼某学校副校长表示，“要想实现学区教育均衡发展，光靠开展活动还不行，所以我们也要打造课程。我们学校的京剧特色课程做得已经很好了，但是这门课程并不适合所有学生。我们学区的思路是各所学校都开设自己的特色课程，但是对其他学校都开放，互通有无，孩子们可以进行个人教育定制式学习”。最后，北东学区号召学生自主开发特色课程，并主动进行群体间的学习与交流。调查期间，一位学区管理者兼某学校副校长表示，“今天我们通过学校平台给王主任发了很多我们学区打造的课程，比如，我们进行经典阅读时做的‘大话西游’。这门课程是学区所有孩子都可以参与的，孩子给孩子当老师，不管从哪个角度切入西游都可以，如可以从画、说、演、剪纸切入。我们带着这些孩子在学区里面走，在学区做老师。例如，我们学区有一个学生喜欢绘画，他创造了一种将画绘制在马勺上的艺术形式，这种绘画形式很受学生的喜爱，他就给同学讲解如何绘制。他自己在学区里面收徒弟，自己建微信群，学区内有喜欢这个项目的，都可以进入他建的群，大家还互相拜师，共同提高”。

三、北东学区的治理效果

北东学区的治理颇具成效，值得我国其他推行学区化管理的地区学习和借鉴，同时也有许多需要解决的问题。

（一）取得的成就

第一，打造出许多优质学校。北东学区打造优质学校起始于东城区教育委员会的管理体制机制改革，落实到办学上则是开启“学区制”“学院制”“综合治理”“人事制度”等方面的改革。复杂的配套改革形成合力，打造出了新的优质教育。其中，学校建设是重点，改善乃至消灭薄弱学校是落脚点。诸多配套改革为学区治理奠定了基础。学区在其中既是改革的具体执行者之一，也是在格局既定前提下推行内部治理的主导者。例如，史家小学分校始建于2003年2月，当时是危改拆迁区域内的配套小学，是一所极其普通的布局调整合并校，在北门仓小学、培红小学、东直门小学的基础上合并而成。这所学校合并之初便要求与史家小学本校保持一致，硬件建设不仅要达标，在文化底蕴上也要保持一致，如学校青砖围墙的设计都是一样的。为了实现这一目标，东城区不仅加大了对学校改造的投入，同时调派史家小学原副校长来该校任校长，在学校办学理念上实现了与本校看齐。硬件建设达标后，学校教育教学质量的提升则是需要学校自己完成的。其中，学区发挥了主要的促进作用。学区内学校各种教育教学活动一体化的治理方式，使得史家小学分校既是学区治理的倡导者，也是受益者。作为倡导者，新校长高满红轮值为学区主席，在开展学生综合实践活动、促进教师专业发展，以及开发和引进优质课程方面均有建树。

第二，提升了学区的声望，有效地满足了学区内居民“上好学”的教育诉求。调查期间，北东学区主席即北东学区负责人高满红校长反馈，“北东学区在执行北京市教育委员会倡导的各项改革和推进学区治理的基础上，学校的生源越来越好，尤其是2014—2020年，学区内学校办学水平的提升速度很快，最早的一批学生已经毕业，未来向好。这极大地提升了学区的声望，也吸引了更多的生源”。例如，2019年，北东学区“六一儿童节”活动受到普遍的认可，虽然学区自身没有找媒体报道，但是首都精神文明建设委员会办公室陆续找了7家媒体，相关报道和录像被光明网等媒体转载、转播，之后《光明日报》还以内参的形式上报给了中央政治局相关领导。“我们为了让学生能够充分享受发展成果而精心设计了活动，比如，刚刚我说的‘六一儿童节’活动，学校还是学区组织活动产生的影响力完全不一样，所以其意义在于只有学区组织才真正有价值”，北东学区一位管理者表示，“特别是一年级学生的家长去了之后，他们会将活动的视频和内容以及感受发到自己的朋友圈，这种宣传使得活动的影响面扩大。我们的活动不仅促进了孩子的成长，同时还带动了整个学区的发展，尤其是形成了一定的凝聚力，学区内的小学和中学形成了一种共享的意识和氛围，同时使家庭和学校之间的合作成为常态。这不是单独一所学校能够实现的，凸显了学区的优势”。

第三，提高了学生的学业成就和综合素质，开阔了学生的国际视野。一是由于学校的办学水平得到普遍提升，学区内学生的学业成就得到了普遍认可；二是开放、丰富的综合实践活动普遍提升了学生的综合素质；三是北东学区学生的国际视野更加开阔，跨文化理解能力得到普遍提升。学区内各校长之间的亲密合作传导给学生，也使学生之间有了广泛交流与合作。

第四，为域内所有孩子创设了一种健康愉快的成长环境。在开展学区工作时，北东学区管理者更多的是从促进孩子健康成长的角度出发来进行合作，合作的点多了，逐渐形成了一体化的非正式管理模式。这使得学区内各学校的育人理念具有高度的一致性，在行动上有极好的配合与默契。调查时，一位学区管理者表示，“我觉得教育要培养的人应该是一个充分发展的好人，无论学校从哪个角度来培养，殊途同归，像过去说的（能够做到）‘礼、义、仁、智、信’，当今社会也需要德才兼备的人才，我们学区首先要给孩子提供成长为国家和时代发展需要的人的土壤，在这一点上，我们的想法是一样的”。

（二）存在的问题

第一，北东学区校长轮值制存在弊端，存在轮不下去的危机。学区主席没有更多的经济收益，且兼职的校长办学任务重，因此通常情况下在职校长是不希望兼任这一职位的。调查过程中，北东学区主席兼史家小学分校校长高满红反馈，“最开始说是三年轮一回，等我们学校完成第一轮任职之后，学区轮值校换届的事情就再也不提了，我们也就一直干到了现在”。

第二，缺乏绩效评价和效果评估，使得一些学区的发展处于停滞状态。调查过程中，北东学区的管理者表示，“我们学区做了许多工作，得到了领导和群众乃至社会的认可，但是其他学区什么都不做，也会得到一样的学区日常运作经费，也没有任何的奖惩措施。时间长了，会让人心理失衡”。

第三，学区治理层面缺乏必要的总体设计，尤其是目标定位不清晰。调查过程中，北东学区管理者表示，“我觉得改革中就是走一步说一步，我们走哪一步，要解决哪个问题，就要采取哪种举措，就是这样一步步走过来的。在学区中，除了教育集团，各种教育形态都有”。

第四，学区不封闭，周边学区生源争夺北东学区优质学位的现象时有发生。例如，东城区教育委员会承诺 2014—2020 年学区内“小升初”基本保证直升，到 2019 年“初升高”时，情况并非如此。2019 年，北东学区招生时，东直门中学减少了在北东学区的招生名额，同时增加了在东朝建学区的招生名额。不仅如此，东朝建学区的第二十四中学、第二十五中学、第二十七中学增加了在北东学区的招生名额，这意味着北东学区初中升高中时分配到的优质学位变少了，相对欠优质的学位增加了，结果导致北东学区的升优率大幅下降。据不完全统计，2019 年，小升初派位结果只有不到四成升优。这引起北东学区家长的极大不满，并通过网络沟通的方式给东城区教育委员会提意见，认为此种做法“一是不符合就近原则，二十四中、二十五中、二十七中距离北东学区最远的距离为 5~8 千米，跨越朝阳门街道、东四街道、灯市口街道、王府井街道；二是不符合均衡原则，在东城北片各学区普遍提高升优率的同时，北东学区出现了用优质高中学位兑换普通高中学位的现象，出现了升优率不升反降的情况；三是东直门中学作为属地校，面向和平里、北东、景东、东朝建四学区的名额基本持平，而北东学区属地校只有东直门中学和北京市第五十五中学，东直门中学的招生名额不仅不对本学区初中倾斜，反倒出现减少本学区名额、增加外学区名额的现象，实属不合理”。鉴于此种情形，家长建议，“一是东直门中学的招生名额向北东学区倾斜，取消类似于东朝建学区这种跨越学区招生的情况，保证北东学区的升优率；二是遵循就近原则，取消第二十四中学、第二十五中学、第二十七中学在北东学区的招生名额”[①]。邻近学区争抢优质学位，对北东学区同龄学子升入优质学校产生了挤压，这给北东学区乃至东城区的招生治理提出了新的问题。

第五，东城区的许多学区制改革设计没有落地，这对学区持续深入开展工作是

① 关于北东学区招生政策的建议. http://liuyan.people.com.cn/threads/content?tid=6804065[2021-06-30].

不利的。调查中，北东学区相关管理人员表示，“改革之初，确定至少有学区秘书长和学区副主席两个职位是实职，但是现在这两个职位也是兼职，学区办公室与学校办公室也可能是混用，最初确定学区委员会主席是轮值，但是也轮不下去”。做不到规范管理，就很难做到不打折扣地实现办学目标。

第二节 海淀区中关村学区的“共治共享”模式[1]

海淀区中关村学区（简称中关村学区）是海淀区各学区中比较受瞩目的一个。虽然它并不是试点学区，但是所处地理位置优越。虽然域内中小学教育质量普遍较高，但是差异也很大。中关村学区成立后，其管理层就非常注重搭建平台、创建机制以实现域内教育“共治”、教育资源“共享”，即中关村学区较好地聚集了域内教育利益相关者，共商、共治学区教育发展，为学区内学校拓展了发展空间和整合了软件资源，在维护学校利益方面取得了诸多成就，同时搭建诸多平台实现了域内中小学教育资源的共享。

一、中关村学区概述

中关村学区管理中心于 2016 年 1 月 22 日正式成立，隶属于海淀区教育行政部门，具有独立法人资格，是海淀区教育委员会的助手和学校的帮手，努力促进区域教育资源统筹、均衡配置和共建共享，实现中小学教育的有机衔接，依法落实义

---

① 除特别注明，本节数据皆由中关村学区提供。

务教育阶段就近入学政策，推动区域教育优质均衡发展。2016年，学区成立之初，中关村学区管理中心拥有15个编制，内设三个部门——发展规划部、教育教学部和资源统筹部，办公地点设在海淀学区教育教学辅助中心。

中关村学区内有中关村街道（5.28平方千米，海淀区最小的街道）辖区内的12所中小学。其中，5所中学分别是北京大学附属中学、北京市中关村中学、北京一〇一中学初中部、中关村中学知春分校和北京一〇一中学实验学校；6所小学分别是北京中关村第一小学、北京中关村第二小学、北京中关村第四小学、中国人民大学附属中学实验小学、北京市海淀区双榆树第一小学、双榆树中心小学；1所九年一贯制民办校为北京中科启元学校（目前只接收小学生入学）。

中关村学区设立了学区委员会。首先，中关村学区委员会不是实体部门，是学区的议事机构。中关村学区委员会委员来自学区内的各行各业，包括地区人大代表、政协委员，街道、派出所、科研院所、企事业单位、中小学校负责人和家长代表等，见表5-1。学区委员会由街道党工委书记和街道主任担任第一主任委员，由街道主管文教工作的副主任担任主任委员，学区管理中心主任担任常务副主任委员，地区中小学校长代表、派出所所长和人大代表、政协委员担任副主任委员。截至2018年11月，中关村学区委员会委员包括来自13个中小学和教辅中心、11个科研院所、9个驻区企事业单位、6个街道和派出所等部门的45人。其中，第一主任委员2人，为街道党工委书记和街道主任，主任委员1人，为街道办主管文教工作的副主任，常务副主任委员1人，为学区管理中心主任，副主任委员5人，为区人大代表、政协委员、派出所所长、驻区单位代表、中小学校长代表等。学区委员会全体委员每届任期3年。

其次，学区委员会实行定期例会制，即学区委员会定期召开联席会议，协助教育行政部门和街镇研究如何推进学区教育改革与发展、统筹协调各资源单位推动资源共享；协调落实辖区内义务教育阶段适龄儿童少年入学工作；协同创新，支持学校发展，推动中小学有机衔接，促进特色立校，协调学校和街道、驻区单位、社区的关系。通常情况下，学区委员会一个月召开一次例会。

最后，中关村学区管理中心是学区委员会秘书处，在学区委员会的指导下，按照区教育行政部门的工作要求处理学区的具体事务。学区管理中心是独立法人单位，隶属于海淀区教育委员会，同时也是学区委员会的秘书处，其定位为区教育委员会的助手和学校的帮手，旨在推动区域教育改革与发展（王振惠，2018）。

表 5-1 中关村第一届学区委员会名单

序号	单位	姓名	委员会职务
1	中关村街道党工委	许云	第一主任委员
2	中关村街道	罗军	主任委员
3	学区管理中心	王振惠	常务副主任委员
4	中国科学院行政管理局	胡伟	副主任委员
5	北京华讯集团	夏国悌	副主任委员
6	中关村派出所	胡涛	副主任委员
7	中关村中学	苏纾	副主任委员
8	中关村一小	刘畅	副主任委员
9	中国科学院北京分院	王树志	副主任委员
10	中国科学院电子学研究所	孙殿义	委员
11	中国科学院自动化研究所	刘光仪	委员
12	中国科学院计算技术研究所	王凡	委员
13	中国科学院物理研究所	魏红祥	委员
14	国家纳米科学中心	陈伟	委员
15	中国科学院力学研究所	王宇星	委员
16	中国科学院化学研究所	李静	委员
17	中国科学院计算机网络信息中心	张伟欣	委员
18	中国科学院文献情报中心	龚慧玲	委员
19	海淀剧院	刘洪	委员
20	当代商城	张卫东	委员
21	京仪大酒店	胡海涛	委员
22	中关村医院	汪关宝	委员
23	中关村街道文教科	徐春瑜	委员
24	双榆树派出所	马劲松	委员

续表

序号	单位	姓名	委员会职务
25	北京市海淀区高思超常教育培训学校	李松林	委员
26	华图宏阳教育文化发展股份有限公司	沈涛	委员
27	海淀学区教辅中心	王越	委员
28	北京大学附属中学	生玉海	委员
29	北京市知春里中学	郭征	委员
30	一〇一中学初中部	姚欣波	委员
31	一〇一实验学校	安卫	委员
32	中关村第二小学	杨刚	委员
33	中关村第四小学	李晓琦	委员
34	中国人民大学附属中学实验小学	尹军	委员
35	双榆树中心小学	朱丹	委员
36	双榆树第一小学	丁凤良	委员
37	北京中科启元学校	高雪东	委员
38	中关村街道食品与药品管理监督所	孔平	委员
39	中国林业科学研究院森林生态环境与保护研究所	于澎涛	委员
40	北京大学第三医院骨科	范东伟	委员
41	海淀区机构编制委员会	张京玲	委员顾问
42	丰台区政府	张鑫	委员顾问

资料来源：本表内容为中关村学区管理中心于 2017 年 11 月提供

2016 年 1 月，中关村学区正式成立前，王振惠主任及学区工作人员拜访了中关村街道及驻区单位、中小学校，宣传海淀区的学区制改革，并达成了共识。2016 年中关村学区成立大事记，见表 5-2。

表 5-2　2016 年中关村学区成立大事记

日期	内容
1 月 7 日	王振惠主任到中关村街道，拜访中关村街道罗军副主任（负责文化教育工作的副主任）和文教科徐春瑜科长。在与罗主任和徐科长交流的过程中，王主任深入讲解了学区制改革的理念、目的、意义，并与罗主任探讨了成立学区委员会的具体事宜，梳理了辖区内各个委员单位。罗主任和徐科长非常支持学区制改革工作，在第一时间决定召开中关村学区委员会筹备会议

续表

日期	内容
1月11日	中关村街道罗军主任和学区王振惠主任共同组织了会议，30余家驻区单位、科研院所的领导参加了会议。大家在交流研讨中明确了学区制改革的背景，了解了学区委员会的组织架构、委员构成、职能定位和责任义务，纷纷表示将积极加入委员会，全力支持中关村学区教育发展。各学校书记、校长均作为学区委员会委员积极参与到学区制改革中来
1月22日	海淀区中关村学区正式成立
3月16日	中关村学区委员会第一次会议在中关村学区委员会委员单位京仪大酒店顺利召开，会议审议并通过了第一届委员会名单及《北京市海淀区中关村学区委员会章程》，与会领导为委员颁发了聘书。第一届委员将在任期内携手同心、积极作为，为地区教育发展建言献策，提供助力

资料来源：本表内容为中关村学区管理中心于2017年11月提供

二、中关村学区的治理

按照海淀区教育委员会的要求，中关村学区开展学区制改革有三个重要目标：一是深化域内教育体制机制改革。海淀区最初设定学区制改革以实体改革为主，主要是考虑到区内教育体量大、学校多，通过学区制改革可以优化整个区教育的管理流程，提升管理效率，学区可以协助海淀区教育委员会落实各种上级决策部署并使之精细化落地。因此，中关村学区秉持这一发展需求，积极探索学区内的各项体制机制改革，服务域内教育发展。二是学区制改革是一种治理体系的构建，政府、学区、社会和学校等多元主体积极参与到地区教育治理中来，实现了区域教育的优质均衡发展。三是学区制改革旨在建立服务于学生成长的教育统一战线，为学生提供多元、丰富的教育资源，关注学生的健康成长与实际获得，让学生在家门口高质量地接受义务教育。

（一）构建学区治理的内部运作机制

中关村学区明确学区办学的利益相关主体，并将其纳入中关村学区委员会。虽然学区管理中心在行政上隶属于海淀区教育委员会，但是为了更好地开展学区教育工作，同时服务于学区委员会，其积极协助学区委员会发展委员、扩大组织的影响力。在访谈期间，海淀区学区管理中心主任王振惠表示，“张英玉老师是学区委员会的秘书长，我是这个委员会的常务副主任委员。我上面还有 3 名领导，2 名是街道的党工委书记和街道办事处主任，他们是第一主任委员，还有街道主管文教工作的副主任，他们是主任委员，这些人员被纳入学区管理委员会的目的，是尽量将政府的力量纳入学区管理的领导团队中，以便他们更好地为学区决策服务，共同推进教育事业的发展。委员会包括很多单位，中国科学院在我们这块地界，所以中国科学院的很多院所是我们的委员单位，还有一些企业，如当代商城、京仪酒店，还有一些大的企业，如海淀剧院。中关村互联网教育创新中心也是我们后续纳入的，它也是一家大的企业。像派出所、食品药品监督部门、医院，以及街道中与教育密切相关的科室和 12 家中小企业，都被纳入我们的委员单位”。

学区委员会积极开展委员单位之间的交流互访活动，2016—2018 年共召开 10 余次例会。为了取得实效，每次例会都有会议主题，如义务教育入学政策宣讲、资源盘点与平台搭建研讨、“互联网+教育”变革研讨、科普教育、安全治理等。委员来自各行各业，济济一堂，探讨学区教育发展的各种问题，思路开阔、问题务实，在探讨改革理念的过程中寻找合作空间。这不仅有助于盘活学区教育资源存量，还有利于共同为学区教育改革与发展出谋划策，充分发挥了群策群力的治理效能。

中关村学区管理中心内部各部门的工作有序，各司其职。海淀区对于学区组织结构的设计统一，因此中关村学区管理中心下设发展规划部、教育教学部和资源统筹部，且各部门的职责明确，在日常运行中各司其职，互不干扰，内部管理井然有序，规范化程度较高。

（二）统筹教育资源，搭建共享平台

中关村学区非常注重建立学区教育资源共享平台，始终致力于建构以下几个平台：①场馆资源平台，目的是提供各委员单位可以共享的场馆信息；②人才智库，目的是提供各委员单位可以共享的各学科人才信息；③课程资源平台，

目的是提供各委员单位可以预约的课程信息；④在线资源平台，目的是帮助学生、教师获取优质的在线资源，可在线学习各类所需知识，学校可以通过平台预约特级教师到校培训或指导。这些平台使小规模学校受益，主要表现在场馆资源共享上。

中关村学区统筹教育资源、搭建共享平台的措施可以分为四步：一是摸清家底，对域内可供利用的教育资源进行调研。在这一过程中，中关村学区借助教育系统之外的资源帮助自身完成调查，如聘请北京师范大学和首都师范大学的专家指导调查量表的设计。中关村学区通过实地观察、访谈交流、问卷调查、数据分析等多种途径，开展了扎实而有效的调研。中关村学区多次召开会议以落实资源调研和盘点工作。这一阶段工作的主要任务是摸情况、找问题、捋思路、把任务定实，为学区资源平台建设奠定基础。

二是收集、盘点资源。中关村对教育资源的收集与盘点分为两个层面：首先是对教育系统外资源的收集与盘点。中关村学区的科学与人文氛围浓郁，资源雄厚。截止到 2018 年 11 月，学区内有中国科学院研究院所 33 所，两院院士 130 余位，科学家云集，联想、腾讯等高新企业密集；文化底蕴深厚，有影剧院、公共图书馆、博物馆和众多文艺团体；公共设施齐备，有公立独立医疗机构 4 个、体育场地 100 余处，商业设施完善；学校发展态势良好，学区内学校类型多样、办学主体多元、办学规模各异，学校师资力量相对雄厚（王振惠，2018）。其次是对教育系统内资源的收集与盘点。中关村学区内的学校发展态势整体良好，办学类型多样，办学主体多元且发展愿望强烈。师资力量相对较强，区级以上学科骨干教师占专任教师总数的 31.6%。

中关村学区在盘点教育系统内外的教育资源后，进行了系统的梳理与呈现。2016 年 2 月，中关村学区管理中心形成了《北京市海淀区中关村学区资源调查报告（初稿）》；2016 年 10 月 25 日，北京市海淀区中关村学区委员会和北京市海淀区中关村学区管理中心共同出台了《北京市海淀区中关村学区教育资源共享手册》；2016 年 10 月 25 日，北京市海淀区中关村学区委员会和北京市海淀区中关村学区管理中心共同正式发布了“中关村学区教育资源共享平台：互联网+，让资源‘飞’起来”。在这个平台上，可以看到《北京市海淀区中关村学区教育资源共享手册》的电子版。

三是搭建资源平台。中关村学区的工作得到了海淀区教育委员会的支持，相关领导多次到现场办公、指导资源整理与使用。为了建立网络平台，工程师构思框架，驻场办公。网络平台的整体定位是促进线上线下资源的融合与重构，从而推动教育教学方式变革。中关村学区网络平台的功能包括精准查询学区就学相关信息以及名师特色课程预定情况，快捷预约名师与公共服务设施设备，智能推荐教育相关服务、审批反馈预定情况，进行空间管理及在线播放等。

四是服务于资源深度应用。首先，为了促进课程资源开发，中关村学区编制了《中关村学区中小学科学课程资源手册》；其次，为了促进师资培训和交流，中关村学区打破固有的资源边界，开展中小学段教学衔接相关的师资培训工作；再次，为了实现场馆共用，中关村学区通过预约实现了运动场、会议室、报告厅等资源的共享；最后，为了实现人才协同培养，中关村学区研究“学区协同”培养机制，建立了中小学课程教学、活动、社团一体化协作机制。

（三）走进社区家庭，服务入学升学

中关村街道有 30 多个社区，为了保证辖区内适龄儿童“有学上”，中关村学区管理中心派人在入学登记处现场办公，为每一户提供入学咨询服务，包括政策的宣讲和具体登记流程的解读，以及对各学校情况的介绍等，这种服务能够覆盖域内各个社区。中关村学区管理中心的工作人员认为，以往提供的入学服务远远不够，因为要使居民对中小学入学工作满意，工作人员往往要进入社区与每一户家庭进行入学相关事宜的沟通，如学区划分以及“就近入学”政策的宣讲，对不同学校教育教学情况和师资进行介绍，解答居民的相关疑问。现场办公拉近了学区与居民的关系，也为学校开展入学工作提供了便利和助力。为了有效地服务于学区内学生入学和升学，中关村学区管理中心每年都要预测生源，预估招生工作中的重点和难点，制订招生计划。

（四）通过优质均衡破解择校难题

在破解择校问题时，中关村学区实行的是多管齐下，其中最为重要的思路是通过办好每一所学校实现办人民满意的教育。

第一，抬高域内中小学教育的底盘。中关村学区协助海淀区打造新的优质学校，以满足域内百姓“上好学”的教育需求。一是促进学区内的中小学校与科研单位合作，提升学区内学校的教学质量，如双榆树第一小学和双榆树中心小学成为北京教育科学研究院基础教育研究所的实验校，通过科研带动学校发展；二是学区协助学校申请海淀区“新优质学校”项目，在获得区认可的同时，获得了更多培育项目的支持与资助。例如，2018 年，学区积极帮助双榆树第一小学、双榆树中心小学、中国人民大学附属中学实验小学和中关村中学知春分校申请成为海淀区“新优质学校”。

第二，打通义务教育学段壁垒，打通基础教育升学通道。一贯制直升可以有效缓解择校问题。中关村学区将促进中小学合作与结合、实现九年一贯制作为核心工作，甚至将纵向上学校间的衔接向下延到幼儿园，向上延伸到高中。

第三，学区内中小学活动一体化促进了学区内学生实践机会均等化。中关村学区除了服务于学校的入学、升学工作，还积极搭建发展平台，促进学校抱团发展、开放办学。这是学区完善治理结构、协同创新推进教育综合治理的一项重要举措。例如，牵手学校与社区联动开展各种学生活动，探索少先队员参与社区管理和社会服务的新途径，建立了学校教育、家庭教育、社区教育三方面结合的综合教育实践平台，创建了符合少先队员成长特点的社区活动新模式。

第四，通过项目带动学区内学校的发展，如确立教育教学专项、安全专项。2018 年，安全专项经费为 3300 万元。学区申请经费、组织相关培训，并将培训送到学区内的各所学校。中关村学区管理中心学习北京市教育委员会提升教师专业素养的各种经验，组织学区内骨干教师成立骨干教师工作室，区骨干教师成立区骨干教师工作坊，也成立了学区骨干教师工作坊。

（五）协同创新，推进校园安全网格化治理

首先，中关村学区非常关注域内校园的安全稳定，因为这事关师生的生命财产安全。校园安全涉及的领域广泛，包括校园安全管理和安全教育、校园及周边治安综合治理、校园及周边食品安全、学校实验室危险化学品使用安全、消防安全等。在学区各学校安全治理工作中，中关村学区依据文件，定期做各种自查、互查，接受上级各相关部门的安全检查。为了更加专业、系统地开展安全治理工作，学区委员会与街道食药所、派出所、消防支队及心理咨询师、律师、医生和网络安全专家一起成立了中关村学区安全治理专家顾问团。专家走进中小学，对安全干部和教师进行实务培训、现场指导。

其次，中关村学区非常重视引领干部在安全治理工作中践行治理理念，提升治理能力。一是更新观念，将安全治理的理念定位为：变以结果导向的事后追责为事前风险的防控。中关村学区请安全治理专家顾问团的专业人士开展系列培训，指导学校排查安全隐患，并进行有效整改。二是为安全干部配备案头书，汇编各级各类安全文件和标准，在丰富其安全治理专业知识和提升相关能力的基础上，要求安全干部指导学校各类岗位的安全管理工作，筑牢安全防线。三是依托学区委员会，实现区域联防联控，加强专业指导，实现学校安全的网格化、精细化治理。

三、中关村学区的改革效果

中关村学区在积极探索中，充分发挥了学区委员会的职能，激发了系统内外的活力，助力学校发展，通过协同创新和稳妥推进校园安全网格化治理等工作，不断构建并完善学区现代教育治理体系，促进了区域教育优质均衡发展。

（一）取得的成就

在中关村学区管理委员会和管理中心的共同努力下，中关村学区的学区制改革取得了丰硕的成就，具体如下。

1. 形成学区教育治理新格局

中关村学区打造出区域教育治理新格局，即政府宏观管理、学区统筹协调、学校自主办学、社会广泛参与。

第一，社会各界齐心协力支持教育，学区制改革使政府、学校和社会形成了一种新型的关系，为了孩子的发展，多元主体共同站在一个平台上协商共治，更好地调动了社会各界发展教育的积极性。学区的成立拉近了教育与各行各业之间的关系，地方政府及社会各界对教育的了解更加深入，支持教育发展的热情高、力度大。学区整合社区内各级各类资源，打破资源壁垒，集聚人才、物质、技术、资金、信息等各类资源，为孩子的发展提供服务。

学区委员会和学区管理中心成为凝聚各方力量的纽带和桥梁，也成为推动区域教育治理的重要组织。海淀区的学区制改革是一种管理体制的变革，是教育由区域统一管理到学区分类管理的一种实践。海淀区的学区制改革是一种治理体系的构建，是政府主导、学区统筹、社会参与、学校共建，多元主体共同治理的一种探索。海淀区的学区制改革旨在建立服务于学生成长的教育统一战线，为学生提供多元、丰富的教育资源供给，让学生在家门口高质量地完成义务教育，多元、共治的格局基本形成。

第二，中关村学区通过例会制搭建了学区共治平台。为了保证学区管理委员会发挥共治功效，中关村学区通过“议题式”定期例会制来促进学区教育的发展，攻克教育治理难题。议题的选定往往与学区当前发展急需解决的问题密切相关，详情见表 5-3。学区委员会的例会活动，使政府及社会各界对地区教育的了解更加深入，支持教育的热情也空前高涨。

表 5-3 海淀区中关村学区管理委员会定期例会议题（2016—2017 年度）

序号	会议主题	序号	会议主题
1	委员会成立，宣传学区制改革	7	科技艺术节开幕 SELF 科学讲坛
2	义务教育入学政策宣讲、资源盘点	8	学期工作总结
3	资源平台搭建研讨	9	“互联网+教育”变革研讨
4	资源平台启用仪式	10	安全治理工作会
5	年度总结、课堂教学展评表彰	11	“SELF 格致论道讲坛”校园版走进中关村第一小学
6	义务教育入学政策宣讲		

注：SELF 是 science（科学）、education（教育）、life（生活）、future（未来）的缩写。“SELF 格致论道讲坛”是中国科学院计算机信息网络中心打造的一个品牌栏目，提倡以“格物致知”的精神探讨科技、教育。中关村学区与中国科学院计算机信息网络中心联手打造了一期“SELF 格致论道讲坛”的教育专题“最好的教育”。“SELF 格致论道讲坛”是中国科学院推出的科学文化讲坛。SELF x kids 是中关村学区依托地区发展优势、借助委员单位，针对学生推出的启发好奇心的系列演讲。SELF x kids 旨在促进科技优质资源供给和区域科技教育发展，提升学生的科学素养

资料来源：本表内容为北京市中关村学区管理中心于 2018 年 11 月提供

通过定期例会制，中关村学区管理委员会基本对域内教育规划布局、地区党建协作、校园安全治理、教育质量提升、资源统筹共享和义务教育入学等重要问题进行了商议，明确了解决问题的路径和各自需要承担的职责。例如，2017 年，中关村学区以海淀区治理违章建筑为契机，在学区管理委员会委员及其所在机构的协助下，将学区内中小学校门前的违章建筑和游戏厅等拆除和取缔，帮学校将违规被占用的学校用地拿了回来，解决了数十年无法解决的校园周边安全问题和学校地权问题。

第三，政府决策部署任务得到高效落实，促进了区教育工作的有序运转。中关村学区作为海淀区教育委员会的助手，不折不扣、创造性地贯彻落实海淀区教育委员会的各项决策部署，努力践行学区治理精细化的要求，组建了“区级-学区-学校”三级联动工作团队，各尽其责。海淀区教育委员会的各项工作任务在学区的支持下得以圆满完成。总之，海淀区学区制改革从政策层面开启了教育治理的新模式，协商共治、均衡发展、共建共享、开放融合成为教育发展的新常态。

第四，形成了区域教育特色。中关村学区充分利用“互联网+技术”的优势，依托中关村创新示范区核心区的资源优势，带领学区各校从互联互通到共治共享，为学校、师生发展提供精准服务，努力探索和构建新型教育治理体系，提升教育治理能力和现代化水平，以战略思维谋全局、以创新思维促共享、以系统思维抓贯通、以底线思维保安全，努力让学生在家门口享受公平而有质量的教育。

总之，学区委员会为大家共议教育发展搭建了汇聚智慧、跨界交流、合作共赢的平台，使原本散落在各处的力量有了凝聚的途径和动力。在区域教育治理中，学区联动各方，更加精细、高效地优化配置教育资源，通过开展各种线上线下活动，构建了全社会共同关心教育、协同发展教育的格局。

2. 促进域内中小学实现良性发展

第一，促进学校治理体系建设，学区内中小学教育教学质量得到实质性的提升。一是学区内的学校间实现了开放共享。访谈中，中关村学区管理中心相关领导表示，“中关村学区制改革推开了两堵墙：一是推开了学校和驻区单位之间的墙，拉近了教育与各行各业之间的距离，实现了开放办教育；二是推开了中小学之间的墙，中小学协同研究人才贯通培养问题的机会增多，教育品质得到提升”。

第二，学校教育焕发出新的生机和活力。学区通过组织中小学各种会议、调研、专题研讨等，加强了校长和干部的联系，增进了感情，促进了经验分享，建立起学校发展共同体，在追求高品质教育方面同心协力，学区内跨学段、跨学校的交流与合作更加丰富。

第三，促进学校抱团发展、开放办学，提高学校的品牌影响力。学区摸清了家底，促进了校际合作交流。截止到 2018 年 12 月，中关村学区有约 1360 名教师，市骨干教师 40 多人，区骨干教师 100 多人。中关村学区管理中心统筹域内教师资源，以跨校使用优质教师为切入点，不断完善域内教师的专业提升和互通互用的支持与共享平台，极大地促进了域内学校教师的专业发展，尤其是各校薄弱学科教师的专业发展，并逐渐形成了域内各学科教师专业发展的学习共同体，构建了教师分层分类的专业发展的自组织系统。

第四，促进学校解决实际问题，如周边环境治理。原来小规模学校校长的影响力有限，与学校所在地街道领导建立良好的沟通关系并不容易，这给学校联合街道治理校园周边环境带来了一定的困难。学校是人口密集地，周边的小商贩等较多，造成交通阻塞，不利于营造良好的办学环境。成立学区后，中关村学区管理中心面向学校提供服务：学校提出需求，学区通过研究制订治理方案，学区管理委员会向街道方面提出协助进行校园周边环境治理的请求。街道的领导本身就是学区管理委员会的成员，沟通结果通常都是令人满意且有效的。中关村学区内中小学校园安全之所以能够得到有效治理，域内中小学学校周边的办学环境之所以能得到极大改善，就是得益于相关街道会联合交通支队等部门一起进行联合执法检查，治理校园周边违规商贩和游戏厅等娱乐场所，且这种治理是常规的、持续的。

3. 通过优质均衡破解择校难题

第一，通过改善薄弱学校的办学状况、提高教育整体水平来满足居民上好学的需求，破解择校难题。一是激发系统内外的活力，助力学校积极推动教育优质均衡发展。例如，开展多样的教学教研活动，共同为区域教师专业发展搭台铺路。中关村学区借助外力，不断提升优质学校的教育教学质量。截至 2018 年 12 月，中关村学区有 9 所实验学校参加了中国教育科学研究院“新样态学校联盟实验区”项目。

第二，缓解了家长的焦虑，化解了择校矛盾。中关村学区管理中心始终秉持走进社区、近距离提供服务的理念，积极宣讲入学政策，因此能够及时了解居民对政策的支持程度。不仅如此，海淀区还不断打通“小升初”和“初升高”通道，有助于稳定学区生源。以北京市海淀区双榆树第一小学为例，由于 40%的学生可以直升中关村中学，2018 年已经出现生源回流现象。

第三，在特殊儿童安置方面实现了“零投诉”，中小学入学投诉率较低。

总之，中关村学区的学校教育充满动力、活力，师生更加奋发有为。学区的成立贯通了义务教育学段，有利于促进中小学的有机衔接。学区组织域内中小学对有特长的学生进行分类聚集、协同培养，为其提供高品质的个性化教育，这不仅有利于培养创新拔尖人才，也可以促进域内中小学间加强育人方面的交流与合作，使义务教育阶段人才培养的系统性、整体性和协同性上升到一个新高度。

4. 上级决策得以有效落地

中关村学区构建的三级联动机制初步形成，组建了“区级-学区-学校”三级联动工作团队，履行了“发展规划”“教育教学”“资源统筹”三项核心职能。中关村学区作为海淀区教育委员会的助手，不折不扣地贯彻和落实各项决策部署，使得海淀区教育委员会等上级行政部门的决策得以有效落地。

（二）存在的问题

中关村学区的办学成效是显著的，但是这项改革与探索也存在诸多问题。其中，最为显著的难题有三个：一是由于职能定位不清晰而带来的权责不清，改革一度受阻；二是虽然资源被整合，但是使用效率有待提升；三是学区办学督导相对滞后。

1. 职能不清，权责不明，改革受阻

首先，中关村学区隶属于海淀区教育委员会，因此接受海淀区教育委员会、海淀区教育工作委员会等的领导。这意味着中关村学区需要服务的教育行政部门有 20 多个科室，行政负担重。调查中，中关村学区管理中心相关人员表示，“我们学区只有 12 个人，要准确理解上级行政部门的各项工作部署，并进行转化和部署到学校，工作量非常大，我们根本应对不及。学区的定位究竟是什么？我们也很迷惑”。

其次，中关村学区管理中心无法聚焦核心功能精准发力。学区工作领域叠加、任务较多，学区不能在实践工作中聚焦核心职能精准发力。“我们一直致力于不让自己变成海淀区教育委员会的‘拐杖’与实际执行人，但这并不是一件容易的事情”，一位中关村学区管理中心人员表示，“我们的日常工作时间常常被制作安全检查展板、发放学生评价手册等这类事务性工作占据。教育行政科室的工作人员固然是高兴的，因为这样他们更加轻松，但是我们不希望沦为行政的附庸”。学区管理者不甘平庸的想法很强烈，他们将对这种工作状态的不满反映给海淀区教育行政部门。学区职能定位不明，学区的工作几乎无所不包，其中党建工作数量最多，组织教师专业发展的相关活动次之，然后是组织安全相关工作。虽然这些活动很重要，但其本应该承担的民主议事和资源统筹等重要职能被虚化了。海淀区学区制改革的初衷是建立一种介于区域教育治理与学校治理之间的新型教育治理体制，以完成学区化管理和区域教育治理的布局，但是传统的教育行政管理惯性阻碍了区域教育治理的推进。

再次，在海淀区教育委员会和学校之间构造了一个新的层级，这给基层学校增加了沟通上的困扰，也降低了管理的效率，学校对此非常不满。学区插手行政事务，割裂了学校与地方教育行政部门之间应有的常规交流。一位学校校长反馈，“有时候一件事情不知道是先汇报学区还是先汇报教委，还是同时汇报，要来来回回好几次才能够弄明白程序，这无疑增加了管理成本”。

最后，为了改变学区定位的尴尬局面，海淀区教育委员会特别制定了规则，除海淀区教育委员会办公室外，各科室不得擅自下发通知和下达任务给学区，这样才使得学区的工作状态发生了一定的转变，但是没有真正改变学区身份定位不明、职责不清的尴尬局面。

2. 资源有整合，但使用效益低

首先，虽然学区在资源整合过程中做了诸多有益的工作，但是收效并不是十分理想，也就是资源的使用率并不高。究其原因在于，在整个资源整合过程中，学校缺位。所谓学校缺位，是指学区整合线上线下资源时没有征求学校的意见，教育资源的统筹和整合工作更多是自上而下进行的，几乎没有学区内校长和教师的参与。这造成学区对每所学校实际的具体需求把握不准，学校对学区提供的共享资源使用率不高。

其次，中关村学区与学校的沟通受到传统沟通方式的限制。许多学校在思想上抵制增加学区这一管理层级。虽然海淀区在改革之初便明确学区不是增加的管理层级，更多是为学校发展提供服务与支持，但是在现实中由于教育行政部门各科室将以往直接下达给学校的任务和通知变成下达给学区，由原来对应 200 多所学校变成只对应十几个学区，工作量大大降低，因此舍不得放弃对学区这一助手的使用权，这极大地影响了学校对学区制改革的接纳程度。学区制改革的基本出发点是整合区域教育资源，打破区域内资源壁垒，包括学校与学校之间、学校与社区之间、学校与驻区单位之间的资源壁垒等，但是现实中学区与学校之间始终没有真正做到合作共赢。这反映在共享资源利用上，就变成了学区一厢情愿的资源共享改革没有得到学校积极的支持，也没有受到学区内各学校的重视，难以真正提高资源的整合和使用效率。

最后，学区管理中心工作人员的业务能力有限，制约了资源整合的效益。调查期间，中关村学区管理中心负责人反馈，“中关村学区管理中心有发展规划部、教育教学部和资源统筹部三个部门。发展规划部开展的工作比较少，如何制定既接地气又能引领学区学校发展的规划，是一个需要认真考虑的重要问题”。这说明中关村学区管理中心的工作人员在领导和服务学校发展方面的能力有待提升，甚至没有打通学区与学校深度合作的路径。

3. 学区改革督导与评估滞后

中关村学区督导评估工作相对滞后，虽然评价也在学区工作范畴内，但是该项工作基本没有开展起来。一是督导的内容不清晰。学区的督导与评价的意义何在、内容是什么，这是学区开展督导首先需要考虑的问题。事实上，这一问题是不清晰的。学区作为一个介于海淀区教育委员会和学校之间的教育组织机构，其身份有诸多尴尬之处。海淀区各学区对域内教育的诸多督导工作参与度不高，对学区内学校教育开展督导缺乏相应的政策依据，同时也得不到学校的配合。督导分督学和督政两个方面，在这两个方面，学区都很难有所建树。二是自我评价的意识薄弱。中关村学区管理中心工作人员对工作非常热情，但是对自我工作的评价基本没有规范地开展。

第三节　金山区朱泾地区小学学区的“互通互助”模式[①]

金山区朱泾地区位于上海市西南部、金山区北部。朱泾镇是全国农业强镇，也是城镇化发展较快的地区。随着上海市推进学区化管理，金山区朱泾地区也组建了

① 除特别注明，本节数据皆由朱泾地区小学学区提供。

若干学区，其中朱泾地区小学学区（简称朱泾学区）是改革中非常积极的一个。朱泾学区本着学校间资源互通、办学互助的模式，不断推进学区化管理。

一、朱泾地区小学学区概述

朱泾学区成立于2015年8月，由地处朱泾镇的金山区第一实验小学、金山区朱泾第二小学、上海市金山区朱泾小学（简称朱泾小学）和上海市金山区新农学校小学部（简称新农学校小学部）4所百年老校组成。虽然4所学校的历史悠久，但是文化背景各不相同，要想实现携手发展，就需要做好规划设计。朱泾地区小学学区管理委员会经过协商，决定改变传统意义上优质学校向薄弱学校单向输出的方式，而是尊重各校的办学个性，在不改变各校管理格局的前提下，本着“和而不同”的理念，以点带面，以课程教学为突破点，包括课堂教学、特色课程及特色活动建设等，构建学区课程互动共融机制，让各校课程在碰撞中产生联动效应，促进校际先进办学理念和办学特色的深层次融合，从而构建一个理念互通、优势互补、思想互融的教育联盟。

二、朱泾地区小学学区的治理

朱泾学区非常注重推进内部治理，通过建立“网格式”的内部管理机制，以实现集成管理；建立“融合式”教师研修机制，以实现学区教学联动；建立“需求式”课程共享机制，打造学区课程联动模式；建立“开放式”学区活动机制，打造学区活动联动模式。

（一）建立“网格式”内部管理机制

为了结成一个真正意义上的教育联盟，朱泾学区建立了“网格式”管理团队，设立了学区管理委员会，下设学区教学管理工作小组、学区拓展课程管理工作小组、学区德育管理工作小组三个工作团队。学区管理委员会负责制定学区课程建设实施意见，三个工作团队聚焦课堂教学、特色课程及特色活动建设三个关键点进行课程与教学攻关研究。学区教学管理工作小组还下设语文、数学、英语三个大的教研组，大组长由工作小组成员兼任，统筹安排学区内的教研活动、教学视导等工作。每个年级再设立一位学科备课大组长，组织本年级的备课活动，从而使学校之间能有效互动，产生“集成效应”。

（二）建立“融合式”教师研修机制

在推进学区化管理过程中，上海市非常注重提升教师的素质，朱泾学区也不例外。朱泾学区管理委员会认为，“课堂教学变革是推进学区工作互动、共融最关键的一步，同时也是最难的一步。为促进学区各校的课堂教学改革，学区教学管理工作小组积极探索交叉辐射式、视导诊断式、连环跟进式等多种融合研修方式，努力营造‘走近你我、发展你我’的教研文化氛围，让教研理念能互通共融”。在建立“融合式”教师研修机制的过程中，朱泾学区主要采取了三种方式。

第一，推进骨干教师交流。为了促进骨干教师交流，朱泾学区积极实施交叉辐射式骨干教师交流，以促进各学校教学管理的交流与融合。朱泾学区管理委员会负责人在访谈中表示，“组织骨干教师开展学区内流动，是推进学区工作的重要保障。每学年，学区内各校均遴选语文、数学、英语三科 3 名备课组长，参与学区内校际的骨干教师流动。每校 3 名组长分别被选派到其他 3 所学校担任学科备课组长，形成了分散与交叉的扇形辐射模式”。这支肩负特殊使命的团队需要与原学校进行教研结对，开展联合教研活动，让两校不同的教研文化在交叉式教研活动中得以共融。这种教研结对、交叉辐射方式给各校的教学管理带来了生机与活力，也必然会促进教研文化的融合。

第二，实施视导诊断机制，以促进教学评价融合。开展诊断式研修活动，是朱泾学区推进课堂教学变革的重要手段。在促进学区教研文化融合发展中，学区依托骨干教师团队，积极实施视导诊断制，每学期组织 1～2 次教学视导工作。教学视导以学校需求为主，有针对学科教学的专科视导，也有针对某年级的整体视导。专题式的教学视导不仅可以帮助学校及时发现教学问题，指导学校开展诊断研究，提升课堂教学品质，也能促进学区各校教学评价标准与方式的统一。

第三，实施连环跟进制，促进教学设计融合。开展连环跟进式研修活动，是朱泾学区教学互动共融的主要方式。朱泾学区利用备课大组，积极组织主题式联动共研活动。各备课组引用了金山区第一实验小学的 n+1 磨课方式，如以一类教学内容为主的“同课异构”磨课，以一个教学单元为整体的“整体渐进”磨课，以及以一个教学主题为主的“年段衔接”磨课，并在 n+1 的基础上延伸出了 1+n 模式，即学区内各备课大组在开展一项教学内容研讨过程中，在备课大组长的组织下，先由承担学校进行 n 次磨课尝试，最后一次展示课放在学区，其他学校的教师聆听展示课后，再在本校内进行 n 次连环跟进式共享。这样使 n+1 的磨课研究成果不再局限在自己学校内，而是在学区层面共享，使 1 的效益得到了 n 次扩大。在 n+1 磨课方式的带动下，各学科组整合学区内的优质教学资源，开展了多次有质量的主题式学科联合教研活动，由此形成了教学研究“四共模式”，即成功经验共同分享、教学难题共同研究、课堂教学共同开发、教学方法共同探索。

（三）建立“需求式”课程共享机制

推行学区化办学管理不仅在于通过教研活动促进师生融合，更在于提升各校的课程品质。为此，朱泾学区聚焦各校课程建设的优势点、需求点，实施“需求式”课程共享机制，努力营造“你中有我，我中有你”的课程文化氛围，使各校的课程建设产生了连锁反应。

第一，实施“破颈共融制”，精准分析“现有课程”，即在开展实践研究中，朱泾学区拓展课程管理工作小组及德育管理工作小组，从各校课程的数量与品质两方面精准分析现有课程，提出了三个“破颈共融”原则：一是聚焦课程建设的薄弱学校，培训跟进，强化理念；二是聚焦学区各校的发展特色，丰富课程，提升品质；三是聚焦学区各校的发展需求，挖掘内涵，创生课程。

第二，实施联合攻关制，精细打造“共享课程”，即考虑到各校都有自己的校本课程，但发展不平衡，需求也不均衡，朱泾学区两大工作小组就根据“破颈共融”原则，采用“学校申报科目、学区组队共建”的方式，实施联合攻关制，以“五个模块”有效实现资源整合、课程共建。详情见图 5-1。

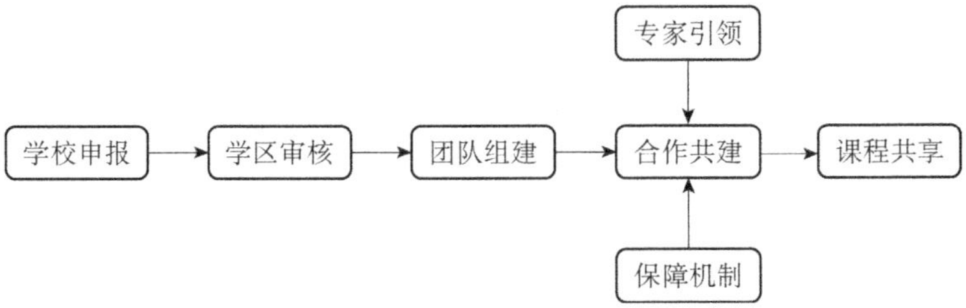

图 5-1 朱泾学区学校申报科目、学区组队共建流程

“学校申报”是指每学年朱泾学区各校可以结合学校特色发展需求或者教师的兴趣特长，申报一门新建课程。“学区审核”是指两大工作小组基于两方面的原则进行审核：一是课程要具有独特性，即有助于学校特色课程的建设；二是课程要具有普适性，即可预见该课程未来能在学区各校内不限时空地被使用。“团队组建”是指针对以上两类课程，学区采取不同办法组队：第一类课程是基于学校发展特色组队，注重挖掘学校教师资源，积极号召教师参与共同开发，以专家引领、各校合作参与为主要方式；第二类课程以申报学校为牵头，以“教师自愿和学校推荐”相结合的原则，在学区各校中招募科目组成员，大家合作进行精细打造。“合作共建”是指课程开发由学区内全体学校合作共同完成。“课程共享”是指共建的课程由所有成员校共享。

第三，实施资源共享制，精心推送“特有课程”。朱泾学区 4 所学校有不同的文化特质、不同的课程特色，为学区共享课程提供了资源。为此，学区两大工作小组采取了课程推荐与课程培训的方式，实施了学区课程资源共享制。课程推荐制是指学区各校根据自身的实际情况，每学年推荐 2～3 门特有课程，负责学区共享课程的培训工作。课程培训制是指基于这些推荐课程，学区采取“集中”和“蹲点”两种培训方式。集中培训是由两大工作小组根据推荐课程情况召集相关教师进行跨校集中训练。根据报名情况，工作小组统筹安排培训时间、地点，并指导整个培训过程。为契合各校的课程建设需求，两大工作小组还设计了“蹲点”培训方式，即蹲点一所学校，让培训者送教上门，让学生和教师一起接受培训。

（四）建立“开放式”学区活动机制

课程建设的核心点在课堂，延伸点在课外。为使学区的学生、家长也能走起来、动起来，朱泾学区德育管理工作小组积极汇集各类特色活动资源，探索学区活动联动模式，营造了“不一样的学校，一样的精彩”的文化氛围。

第一，实施“一带三合”方式，促进学生活动的学区融合。在探索学区活动联动模式过程中，学区采取了“一带三合”活动融入制。“一带三合”，即根据各校的文化活动特色，每学期由一所学校策划一个特色主题活动，其他三校参与这些课程与活动。比如，金山区第一实验小学组织了学区读书节活动，学区各校学生一起参与到“童心阅读天地”阅读知识趣味竞赛及“童心跳蚤书市”等活动中；新农学校组织了学区科技节活动，其他三校学生也融入创意制作、科学体验活动中。同时，学区各校也能积极开放优质教育资源，比如，朱泾小学的雷锋体验馆是学区各校学生常去的场所；元宵节来临，朱泾第二小学开放花灯探究区，组织了“元宵佳节，花灯祈福”活动；金山区第一实验小学利用上海市活力校园项目，举办了“阳光足球快乐童心”学区足球嘉年华活动。这些平台的搭建使学生有机会互动，彼此熟悉起来。

第二，实施课程配送方式，促进家校活动的学区融合。在学区建设中，朱泾学区也努力挖掘资源，建设学区家校共建课程，实施家校联动制。共建课程以配送为方式，供家长选择。配送课程包括专题讲座类课程以及亲子活动类课程。专题讲座类课程的教学由优秀社会资源——区域德育骨干教师承担，包含“家长自身素养的提高类”“科学育子方法与技能类”等四大类、24 个小类家长课程选修项目。亲子活动类课程则来自各校的特色活动，包含“自理小能手”“弄堂小游戏”等五大类、20 多个小类学生选修课程。通过课程的配送，家长体验到了“不一样的学校，一样的精彩”。

三、朱泾地区小学学区的改革效果

朱泾学区虽小，学校数量不多，但是其改革措施精准、细致、务实，改革效果也是可圈可点。

（一）取得的成就

朱泾学区改革的成就是多样且值得肯定的，其中学区比较认可的成就可以概括为以下两个方面。

第一，“3+3”机制的联动，促进了课程理念的互通。在学区课堂教学研究中逐渐构建的交叉辐射制、视导诊断制、连环跟进制；在学区课程管理、开发、共享、配送中逐渐构建的共建共享制、活动融入制、家校联动制，让各校的课程理念在对话与碰撞中互补与创新，也真正激发了各校教师进行教研的内在动力。目前，学区完成了“创意衍纸”“数独”等校本课程的共建，修订了“诚信教育”“文明礼仪”“消防安全”“科普教育”等德育课程。同时，该学区也积累了一些实践经验，学区化办学成果曾在《上海教育》杂志上被介绍，《东方教育时报》、上海广播电台的《教子有方》节目等都曾分享过该学区办学的故事。

第二，“4+4”资源的配置，加速了学区文化的共融。在推进项目研究过程中，朱泾学区管理委员会充分运用了四种优质资源，即优秀教师资源、优秀课程资源、优秀硬件资源、优秀社会资源，以及四种动态模式，即骨干教师流动、教研互动、学生走动、家校联动，打破了校际的壁垒，加速了各校之间、教师之间、师生之间、家校之间的互动融合，使各校优势互补、思想互融。各校也因学区化管理改革收获诸多荣誉。2017 年，金山区第一实验小学再次蝉联“上海市文明单位”，还获得了“上海市教师专业发展学校”等荣誉；朱泾第二小学获全国国防教育特色学校、全国生态文明教育示范学校以及上海市中小幼生态科学普及实践活动生态道德教育实践奖；朱泾小学跻身上海市新优质学校行列，还被评为上海市教育卫生系统文明单位；新农学校获 2015—2016 年度上海市教育卫生工作党委系统文明单位、“十三五”首批“上海市科技教育特色示范学校”等荣誉。学区化办学这一新模式正助力着四校迈向均衡优质。

（二）存在的问题

虽然朱泾学区的实践探索取得了诸多成就，但是也存在一定的问题，这些问题也是朱泾学区未来深化改革的方向。

第一，仍需进一步探索合作共建模式。学区各校都有自己的发展理想与发展路径，作为一个大学区，如何解决各成员校之间文化的传承与创新问题，让各校多元并有特色地发展，需要进一步探索合作共建模式。

第二，在深化改革中，需要进一步凸显学区各校的发展需求。学区化办学的最终目的在于促进各校的均衡发展，为此无论是教学研究、教学视导还是课程共建共享活动，都要从学校发展的需求出发。只有激活各校的内生力，教育才会有生命力。

第三，需要进一步探索学区激励机制。已有的学区化管理重在建设，没有对评价进行更多的设计与思考。考虑到发展不断深入，对学区改革进行自我评价就显得越来越有必要。同时，在推进学区化办学的过程中，如何对各校参加学区化办学实践的教师进行适当的奖励，以激发教师的参与热情，推动学区化办学工作的纵深发展，需要进一步研究。

第四节　学区内部治理的启示

纵观北东学区、中关村学区和朱泾学区三个学区，其内部治理可谓各有其法，然虽无定法，亦有规律可循。概言之，现阶段我国学区治理应该遵循以下原则：一是治理重心“宜低不宜高”；二是聚焦办学核心要素的打造；三是不拘泥于一种形式；四是坚持开门办学，不可闭门造车。

一、学区治理重心“宜低不宜高”

我国的学区与美国的学区大不相同，不是一级行政管理组织，是夹在区县教育行政部门与学校之间的一个属性还不是十分确定的教育机构，通常情况下不具备教育行政管理权。在这种情况下，学区对学校的影响力不可能从行政授权上获得更多的权威性，同时也不应该让学区更多地干预学校的管理。因此，通过提供学校自身无法获得的服务而促进学校的发展，是学区化管理在学区层面的必然选择。纵观北东学区、中关村学区和朱泾学区，其真正发挥作用的点是在改善教学和争取系统外部支持上。例如，北东学区的内部治理颇有“无为而无不为”的意蕴，学区管理者并不刻意地进行某些“突破”，一切优质资源的共享和学校间一体化办学都是轻松而愉快的，是自然而然发生的，却能够收获很大的教育成效。其间，不存在对学区治理的非议和争执，按需而供，不强加给学区内任何学校任何改革措施，一切全凭学校自愿参与。因此，要想使学区治理的各项改革和活动能够落地，则需要将治理重心放低，即放在为一线教育提供服务上。

二、学区发展聚焦办学核心要素

各个学区治理的理念不尽相同，北东学区关注学生发展，将促进域内学生综合素质和创新能力以及国际理解力的提升作为改革的出发点，中关村学区从构建资源共建共享平台切入实现学区治理，朱泾学区则是从课程教学供给侧结构性改革出发实现学区内学校的抱团发展。无论发展模式如何，其促进和深化学区办学改革的要素基本都包括先进的教育教学理念、优质的课程资源和教师资源、丰富多样的实践活动和开拓创新的国际课程；改革要争取的办学资源则包括经费、土地、编制和番号等。学区化管理无论从哪个角度切入，从哪个方面开始，只要能够覆盖这些办学所需的系统内外部要素，并在共享中实现增值，便可以取得成绩，不断达成既定的改革目标，最终实现办人民满意教育的目的。

三、学区治理虽有法，但无定法

纵观三个学区的发展模式，虽然有很大差别，但是无论从哪个角度切入学区工作，均可以取得积极的办学成效。学区治理模式的设计与选择受学区所在地域教育发展的基础、环境和可获得支持的影响，不可以简单移植、照搬照抄。

第一，学区改革始终朝着促进域内教育优质均衡的方向发展。在某种意义上，学区就是域内居民的教育社区，更是一个规模庞大的教育资源平台。通过这样的一个资源平台，可以将学区每所学校的优质教育资源统筹、开发、利用起来。正如北京市东城区一位学区管理者所言，“没有进行学区制改革之前，孩子进入某一所小学，其所接受的或者汲取的养料主要就来自这一所学校。但是有了学区之后，我们的学区内既有中学也有小学，还有学前教育机构及校外教育机构等。我们都把资源拿出来，做了统筹、整合，把最优质的集结在一起，充分地供应给我们的孩子。这时候，孩子得到的资源就不仅仅来自其所在学籍的学校了，而是来自整个学区”。

第二，学区治理模式制定者要在确定学区核心职能定位上做充分调研和反复论证，并且要在确定后加强指导，以发挥学区治理的最大效能。通常情况下，学区治理要从以下几个方面入手。

一是出台政策和规章，建立并完善多元主体共同治理的规则和制度。这意味着要以整体的视角和系统的运作来优化治理结构，明确参与学区治理主体的各自职责，形成既相互制约又相互协调的治理结构，以更好地实现治理功能。

二是要赋予学区充分的重要教育事务的决策权，保障学区改革工作接地气。比较中关村学区和北东学区，两者的管理组织架构不同、改革的切入点不同，但是都取得了相应的改革成效。

三是要充分尊重学校的意愿，让其积极参与学区治理。以中关村学区为例，中关村学区依托中关村创新示范区的核心区资源优势，在学区治理的最初设计上便力求通过互联互通来实现共治共享，为学校、师生发展提供精准服务，推动建立和完善新型的教育治理体系。然而，攻克体制、机制上的顽疾并非易事，原因如下：一是事务庞杂使学区偏离了设置的初衷；二是建好的资源共享平台却没有发挥应有的功效，其利用率并不高。这说明在某种意义上，学区的工作没有得到学校的充分理解与认可。然而，北东学区通过学区内学校间畅通的合作，校领导间办学思想高度契合，达到了资源共享和学区共治的目的。由此可见，学区在做重要决策时需要征询学校的意见。

四是不断完善各种交流合作乃至决策机制，包括激励与保障机制，以实现合作的有序化和效果的最优化。宏观的各种制度设计要落到实处，还需要注重机制建设和学区管理精细化。无论开展哪方面的工作，重要的是学区各项工作都要建立在科学的基础上，加强科学研究，包括调查与评估，使学区治理结构更加优化，治理体系运转更加高效。

四、注重宣传引导，坚持开门办学

学区化管理是一项系统工程，其改革的成败直接关系到学区内中小学办学水平的提升和办学环境的改善。因此，学区工作要做到公开、透明，经得起检验与推敲，这是开门办学实现学区教育共治的必然条件。一是学区信息公开有利于参与教育治理的利益相关群体和机构随时把握学区发展动态，看到学区管理者和组织在改善学区办学条件、提高薄弱学校办学水平、丰富域内学生实践活动课程以及共享优质教育资源方面所做的努力，了解哪些新搭建的共享平台可供使用等。二是新闻宣传工作是一项系统工程，学区新闻宣传工作亦是如此。要做好学区宣传工作，需要明确以下几个方面的内容：一是学区宣传工作要有具体的规划和负责人，保证宣传到位、信息真实准确且重要信息及时更新。二是制定明确的宣传工作流程。例如，中关村学区制定了“日常简报-微信发布-上级投稿”的“三步骤”宣传工作法，即日常简报为工作“留痕”，学区微信公众号及教育资源共享平台为宣传“造势”，向官方微信公众号“海淀教育”、《海淀教育报》等新闻媒体及海淀区教育官方网站投稿扩大影响。这种步骤清晰、环环相扣、责任到人、严谨细致的工作安排，既有助于学区自身记录日常工作的点点滴滴，以便于随时反思工作得失，同时也能使学区工作及时留痕，便于后期相关部门进行学区办学改革的过程督导与评估。中关村学区坚持“事事有记录、周周有简报”的宣传工作模式，有效地实现了学区内治理工作资讯共享。

参考文献

安延. 2006. 法国中小学就近入学制度不可轻言取消. 世界教育信息，(12): 55-56.

包桂荣. 2010. 教育财政转移支付制度的国际比较——以日本、美国为例. 内蒙古财经学院学报，(2): 81-85.

蔡定基,黄威. 2011. 义务教育均衡发展视野下的学区集团管理模式探析.全球教育展望，40(11):73-77.

蔡定基，周慧. 2010. 学区管理内涵与实践——以广州市越秀区为例. 中国教育学刊，(8): 27-29.

蔡鸿. 2017. 从“拯救社区学校”运动探析美国公立教育改革现状. 美国研究，31(3): 7-8，95-111.

蔡永红，肖艺芳. 2011. 日本教育公务员制度的特点及其对我国的启示. 教师教育研究，23(6): 76-80.

蔡永红，雷军，申晓月. 2014. 从美国教师流动激励政策看我国城市薄弱学校的改进. 比较教育研究，36(12): 68-73.

曹成刚. 2004. 问题和出路——从国外教师教育发展趋势看我国高等师范教育. 教育理论与实践，(4): 43-46.

常宝宁. 2015. 法国义务教育扶持政策与我国教育均衡发展的政策选择. 比较教育研究，37(4): 33-38.

褚宏启. 2014. 教育治理:以共治求善治. 教育研究，(10): 4-11.

陈琼. 2010. 中美公立中小学教师聘任制比较研究. 湖南师范大学.

陈永明. 1999. 国际师范教育改革比较研究. 北京：人民教育出版社.

程雁雷，隋世锋. 2019. 论学区划分的法律属性及其法律规制. 行政法学研究，(5): 95-105.
程艳霞，龚春燕，陈瑞生. 2016. 从行政管理到多元治理：中国学区制的百年变革. 中小学管理，(2): 22-25.
戴维·T. 康利. 2005. 谁在管理我们的学校——变化中的角色和责任. 侯定凯译. 上海：华东师范大学出版社.
东城区教委. 2014. 东城区全面推行“学区制”. 中国教育学刊，(10):102-103.
方友忠，马燕生. 2015. 法国学区制的发展状况及启示. 世界教育信息，28(19): 47-48，53.
冯大鸣. 2002. 沟通与分享：中西教育管理领衔学者世纪汇谈. 上海：上海教育出版社.
冯大鸣，赵中建. 2004. 美国学区管理体制改革的第三里程——特许学区的产生原因、运作特征及经验评析. 教育发展研究，(4):36-39.
冯洪荣. 2014. “头脑”比“脚印”更重要：探索干部教师流动的“生态路”. 中小学管理，(9): 21-22.
付淑琼，高旭柳. 2015. 日本教师定期轮岗制的经济保障制度及其对我国的启示. 教师教育研究，(1):103-108.
顾明远. 2003. 教育改革在于创新. 临沂师范学院学报，(1): 4-6.
顾明远，石中英. 2006. 学习型社会：以学习求发展. 北京师范大学学报(社会科学版)，(1): 5-14.
郭丹丹，郑金洲. 2015. 学区化办学：预期、挑战与对策. 教育研究，36(9): 72-77.
郭士亭. 2017. 美国公立中小学教师聘任制度研究. 曲阜师范大学.
郭元婕. 2014. 国外学区制的启示. 人民教育，(7): 38-40.
郭元婕. 2020. 集团化办学的理论与实践. 北京：科学出版社.
郭元婕. 2021a. 优质公平 点亮人生托起梦想. 中国教育报，07-01（56）.
郭元婕. 2021b. 编制规划要注重体制机制的改革创新——高质量编制“十四五”教育规划系列评论之七. 中国教育报，03-26（2）.
郭治安. 1988. 协同学入门. 成都：四川人民出版社.
郭治安，沈小峰. 1991. 协同论. 太原：山西经济出版社.
黄秦辉. 2018-06-27. 法国:教育督导助推质量提升. 中国教师报，(3).
季苹. 2002. 美国公立学校的发展研究. 北京：高等教育出版社.
井手佳苗. 2019. 日本地方分权制度中的义务教育行政. 上海交通大学.
孔凡琴，邓涛. 2007. 日、美、法三国基础教育师资配置均衡化的实践与经验. 外国教育研究，(10): 23-27.
兰英. 2012. 现象学视域下美国中小学校运作体制研究——以密歇根州牛津学区的“牛津社区学校”为例. 教育研究，33(4): 140-144.
李海波. 2019. 让首都优质教育资源更丰富多彩——基于北京市学区制改革和集团化办学督导调研的思考与建议. 中小学管理，(3):9-12.

李俊凯. 2014. 法国现行基础教育制度评议及启示. 黑河学刊，(10): 71-72，86.
李娜. 2019. 从 NCLB 到 ESSA: 美国薄弱学校高素质教师队伍建设策略研究. 世界教育信息，32(1): 59-63，67.
李希贵. 2015. “学区制”改革忌逆流而行. 考试，(14): 1.
林子敬. 2019. 学区制改革: 如何打开区域教育资源整合之门. 人民教育，(1): 44-47.
刘晶晶. 2019. 基于协同理论的高职教育产教融合机制及优化策略研究. 华中师范大学.
芦晓菲. 2020. 基于利益相关者需求的我国学区制完善对策探析. 黑龙江大学.
陆云泉. 2016. 学区制新改革: 实现区域教育资源的深度整合. 中小学管理，(1): 8-10.
陆云泉. 2018. 北京市海淀区向高水平均衡化教育强区迈进的探索. 中国教师，(4): 5-9.
马全中. 2013. 从政治理论的视角理解治理. 中国社会科学院研究生院学报，(3):24.
蒙丽珍，杨荣宾，2009. 西方发达国家义务教育经费分担经验借鉴. 广西财经学院学报，(3):53-56，76.
潘开灵，白烈湖. 2006. 管理协同理论及其应用. 北京: 经济管理出版社.
亓俊国. 2004. 西方中小学教师聘任模式的比较分析. 比较教育研究，(5): 64-67.
钱一仙. 2017. 学区制背景下美国基础教育阶段教师流动研究. 上海师范大学.
瞿葆奎. 1994. 教育学文集 · 法国教育改革. 北京: 人民教育出版社.
商丽浩. 2004. 审视美国学区教育筹资制度. 比较教育研究，(5): 29-32，90.
上官莉娜. 2012. 法国地方自治的宪政原则. 武汉大学学报（哲学社会科学版），(5): 69-73.
孙梅. 2019. 法国教育督导之鉴. 内蒙古教育，(14): 21-24.
汤林春. 2018. 上海市学区化集团化办学探索与前瞻. 上海教育科研，(3): 15-19.
陶西平. 2014. 对试行学区制的几点思考. 中小学管理，(3): 58.
汪丞，方彤. 2005. 日本教师“定期流动制”对我国区域内师资均衡发展的启示. 中国教育学刊，(4): 59-62.
王昌善，贺青梅. 2015. 外国中小学教师流动制度: 比较与启示. 文史博览（理论），(1): 68-74.
王芳. 2011. 美国学区制度研究. 华东理工大学.
王云建. 2005.“学区化”管理: 让教育资源走向均衡. 教育，(6): 16-19.
王莉. 2013. 美国促进基础教育均衡发展的财政政策研究. 西北师范大学.
王婷婷. 2017. 教育治理理念下的学区制管理模式构建. 教学与管理，(16): 8-11.
王晓辉. 2002. 法国义务教育的财政体制. 全球教育展望，(1): 71-76.
王晓辉. 2012. 新世纪法国基础教育改革举措. 中国教育学刊，(8): 88-92.
王彦才. 2006. 美日两国义务教育经费分担机制及对我国的启示. 教学与管理，(10): 75-77.
王雨婷. 2020. 基于协同论的小学内部治理制度体系构建研究. 成都大学.
王振惠. 2018. 学区制改革: 从互联互通到共治共享——中关村学区在行动. 基础教育课程，(9): 7-12.

吴晶. 2018. 基础教育学区化办学研究. 华东师范大学.
吴士权. 2014. 皮沃基学区追求卓越的实践——2013年度美国波多里奇国家质量奖得主介绍(三). 上海质量，(3): 44-47.
吴晓蓉. 2009.日本偏僻地区教育优先发展经验研究——以《偏僻地区教育振兴法》为鉴. 当代教育与文化，(4):100-104.
徐中仁. 2014. 20世纪80年代以来美国中小学校多样化研究. 西南大学.
薛二勇. 2014. 美国促进教育公平发展的财政政策分析——基于美国典型地区教育财政改革的政策评估研究. 比较教育研究，(8):93-98.
杨春芳，杨旭. 2017. 基于学区制管理的义务教育督导评估机制研究. 天津市教科院学报，(6): 68-71.
杨娟，丁建福，王善迈. 2010. 美、日两国政府教育财政职责对我国的借鉴. 比较教育研究，(1):72-76.
佚名. 2012. 课题切入 资源共享 共同提升——越秀区中学第一学区特色介绍. 教育导刊，(6):1.
佚名. 2014. QUESTION 1:东城区在推进“学区制”改革中, 将对学校产生哪些影响? 未来教育家，(Z1):98-99.
于杨. 2009. 治理理论视域下现代美国大学共同治理理念与实践研究. 东北师范大学.
郑友训. 2002. 论择校热与薄弱学校的改造. 山东教育科研，(10): 7-8.
郑德洛. 2020. 美国地方政府治理的特点及问题. 中国矿业大学学报（社会科学版），22(1): 117-128.
章虹. 2018. 美、日、英教育督导特点. 教育，(40): 21.
张瑞海. 2018. 学区制改革的区域探索——以北京市东城区为例. 上海教育科研，(2): 15-19.
张霞. 2008. 美国学区督导制度的历史与现状. 世界教育信息，(12): 33-34，42.
赵翩翩. 2017. 海淀区温泉苏家坨学区学区制改革现状研究. 中央民族大学.
赵硕，高慧珠. 2021. 日本义务教育阶段公立学校择校制度的发展及启示. 教育科学研究，(3): 65-71.
周霖，周常稳. 2017. 韩国影子教育治理政策的演变及其启示. 外国教育研究，44(5): 66-76.
朱月华. 2020. 随迁子女义务教育政策分析及改进路径研究——基于利益相关者视角. 教育科学研究，(12): 5-11.
爱德华·弗里曼. 2006. 战略管理: 利益相关者方法. 王彦华，梁豪译. 上海: 上海译文出版社.
哈肯. 1990 . 协同学理论与应用. 杨炳奕译. 北京: 中国科学技术出版社.
迪安·韦布. 2010. 美国教育史: 一场伟大的美国试验. 陈露茜，李朝阳译. 合肥: 安徽教育出版社.
西奥多·J. 科瓦尔斯基. 2012. 学区督导：理论、实践与案例. 兰英，等译. 北京: 中国人民大学出版社.

Kersten T. 2008. Teacher hiring practices: Illinois principals' perspectives. The Educational Forum, 72(4): 355-368.
Paquet G. 1999. Governance through Social Learning. Ottawa: University of Ottawa Press.
Wheeler J, Glennie E. 2007. Can Pay Incentives Improve the Recruitment and Retention of Teachers in America's Hard-to-Staff Schools? Center for Child and Family Policy, Duke University.

索　引

后　记

本书是《集团化办学的理论与实践》的姊妹篇。集团化和学区化办学是我国号召推行的义务教育办学体制机制改革最为重要的两项改革举措。这两项改革在地方上的探索是同时进行的，其中不乏交织与互动。

完成此书之际，笔者不禁感慨地方执行国家政策的不易，既要办人民满意的教育，又不允许择校，同时中小学校的校际差距和城乡差距又如此大。改革为探索者提供了一个将理想付诸实践的契机，但是他们在享用这场“改革盛宴”的同时，也上演了“枷锁中的舞蹈”，面对传统行政体制“条块分割”带来的治理系统壁垒时，改革者难以突破。然而，即便如此，地方教育行政部门中还是有许多有前瞻性的领导者和决策者不断突破体制机制的障碍，争取到各方支持，推行了学区化管理或者学区制改革，并取得了较为理想的效果，实现了传统办学管理体制下难以实现的制度突破，收获了诸多的改革成效。对此，我内心充满敬意。

改革不停歇，探索无止境。虽然书稿已完成，但是我内心的感受却是探索刚刚开始。学区化管理是学校管理中最基层的一个单位，若对其定位准确，可以取得意想不到的积极效果。已有的国内调查虽然相对比较深入和丰富，但是改革仍在不断推进，以后必然还会有新的变化。国际比较的研究也可以更加深入，毕竟世界各国数百年的学区化办学积累值得做更加深入的研究。

本书关于国内的调查得到了教育部基础教育司相关领导的支持，这让我能够直接与不同层面的改革者和决策者对话，分享他们推行改革和指导地方教育探索的心路历程，同时因为可以更加深入地接触中国的教育实践，让我受益良多。感谢教育部基础教育司相关领导的支持，感谢课题组成员沈蕾娜、乔鹤、于颖、武迎选老师和博士后赵树新老师的支持，与他们交流让我受益良多。感谢爱人田守春的大力支持，让我在困惑时有人对话，在艰难中不辍写作。最后，感谢科学出版社编辑朱丽娜和高丽丽，是两位的辛勤工作成就了本书的顺利出版。

郭元婕

2021 年 7 月 16 日于北京蓟门寄所